Carmen Sadowski

Glücksorte an der Mosel

Fahr hin & werd glücklich

Dieses

Glücksbuch

ist für

Liebe Glücksuchende,

Mosel – wie das schon klingt! Romantisch, nach Weinbergen und Flussschleifen, oder? Nach Fachwerkdörfern, in denen die Gässchen so eng sind, dass man mitunter fürchtet, mit dem Auto stecken zu bleiben. Natürlich hat sich längst herumgesprochen, dass die Region Außergewöhnliches zu bieten hat: Große Weine und Baudenkmäler wie die Porta Nigra sind weltberühmt, das Tafelsilber sozusagen.
Doch für die meisten Menschen im Tal entspringt die Quelle des Glücks in den Vogesen: Die beschauliche Mosel schenkt ihnen Geborgenheit. Wie sie sich sanft durchs Land windet, strahlt sie etwas Friedliches aus.
Loslassen. Zur Ruhe kommen. Das geht beinahe in allen Ecken und Schleifen. Wie wäre es mit einer Übernachtung in einer Ritterburg oder einem Fass? Mit einer Eselumarmung oder Wanderung über einen Elfenpfad? Morgens Schmetterlinge im Lavendel tanzen sehen, mittags den steilsten Weinberg Europas besteigen und abends in einer fast 1000 Jahre alten Mühle zu Abend essen? Bitteschön, an der Mosel ist das möglich.
Wenn man als Besucher selbst ein Stück vom Glück abhaben will, muss man nur losziehen. In diesem Sinne: Viel Glück!

Ihre Carmen Sadowski

Deine Glücksorte …

... noch mehr Glück für dich

Ab in die Schleife!

1 Der Prinzenkopfturm in Pünderich

Ihre Windungen haben die Mosel berühmt gemacht, alle Welt schwärmt von diesem kurvenreichen Spektakel. Wen allerdings schon der Anblick vom Tal aus überwältigt, der sollte erst mal auf den 27 Meter hohen Prinzenkopfturm klettern. Denn von der Plattform hat man den Bogen Zeller Hamm im Visier – eine Spezialität in der Welt der Schleifen. Deren beide Enden liegen nämlich gerade mal 400 Meter voneinander entfernt, während der Fluss stolze 14 Kilometer braucht, um den Bergkamm zu umfließen.

Mosel, Mosel, in welche Himmelsrichtung das Auge auch schweift. Der Blick wandert rundum in die grenzenlose Weite. Auf die Ortschaften Pünderich, Bullay und Zell. Weiter über die Weinberge, den üppigen Kondelwald bis in den Hunsrück hinein. Im Norden tut sich der Bremmer Calmont auf, Europas steilster Weinberg, im Westen lugt der Bergfried der Burg Arras hervor. Großartiger könnte das 360-Grad-Panorama kaum sein. Man kann es gar nicht oft genug sagen. Das wussten natürlich auch die Baumeister des Prinzenkopfturms. Deshalb haben sie unterm Dach ein Münzfernglas und eine Webcam installiert, die diese Fernsicht sogar ins Internet überträgt.

Von diesem Aussichtspunkt hat zwar angeblich schon der preußische Kronprinz Friedrich-Wilhelm vor 200 Jahren geschwärmt, sagt die Legende. So kam der Bergkamm, der ursprünglich „Pferdskopf" hieß, zu seinem feineren Namen „Prinzenkopf". Dass dort heute ein stählerner Turm steht, ist allerdings der Großzügigkeit und dem Herzblut der Menschen der „turmanliegenden" Gemeinden zu verdanken: Sie alle haben sich gemeinsam für die Finanzierung ins Zeug gelegt. Bei einem Benefizabend mit liebenswerten Beiträgen rund um den Turm wurde gesammelt, Handwerker investierten kostenlos ihre Arbeitskraft. Einheimische sowie Feriengäste kauften symbolisch die 130 Treppenstufen, die heute hinauf zur Plattform führen. Wer sie beschritten hat, ist dem Himmel ein Stückchen näher gekommen.

● Prinzenkopfturm, 56862 Pünderich (700 Meter von der Marienburg entfernt)
● ÖPNV: Bus 333, Haltestelle Pünderich Ort, Überfahrt mit der Fähre ab Am Fährkopf

Wundertüte mitten im Wald

2 Die Burg Arras in Alf

Wer zum Höhepunkt von Alf möchte, muss wirklich hoch hinaus. Denn wie sich das für eine Höhenburg gehört, thront die Arras einsam auf einem Berg über dem Dörfchen. Eine von Jugendstillaternen gesäumte Serpentinenstraße schlängelt sich hinauf zu dieser Wundertüte mitten im Wald. Weil in diesem Bilderbuch-Gemäuer so viel drin steckt, kann es aus vielerlei Gründen ein Glücksort sein. Zum Beispiel, weil man dort als Hotelgast in entzückenden Kemenaten mit Himmelbetten nächtigen kann. Vermutlich würde sogar die Prinzessin auf der Erbse diese Ausstattung mit der vollen Punktzahl bewerten. Oder weil auf Wunsch ein Barde das Mahl mit Minnegesängen beschallt. Vielleicht aber auch, weil einfach alles gezeigt wird, was man in einer Ritterburg so erwartet: natürlich Rüstungen, Waffen und Antiquitäten. Aber auch Vitrinen voll mit kostbaren Büchern und 200 Jahre alte Grafiken des Mosellaufs. Da steht sogar eine mittelalterliche Kanone im Innenhof und es gibt einen Burggarten mit Seerosenteich. Gleich neben dem Gewässer liegt übrigens der Bergwerksdirektor Dykerhoff aus Herne begraben, der die damals zerstörte Burg vor über einem Jahrhundert kaufte und im heutigen Gewand wieder aufbauen ließ. Und natürlich will auch der 20 Meter hohe Bergfried bestiegen werden, weil er eine fabelhafte Aussicht über Hunsrück und Eifel wie auf einer Fototapete präsentiert.

TIPP

Sehenswert ist auch die Burgkapelle mit dem gotischen Altarflügel.

Dann ist da allerdings auch noch das Gedenkzimmer für Onkel Heini – eine Kuriosität unter den Museen im Moselland. Was sich dahinter verbirgt? Burgherr Roman Keuthen war ein Großneffe von Heinrich Lübke und hat einen Raum mit Devotionalien aus dem Nachlass des Altbundespräsidenten bestückt. Gezeigt werden Gastgeschenke von Herrschern aus aller Welt, ebenso persönliche Erinnerungsstücke: Da liegen Gaben vom letzten äthiopischen Kaiser Haile Selassie genauso wie ein Führerschein von Lübke. Eine solche Ritterburg bekommt man nicht alle Tage zu sehen. Dieses originelle Gemäuer macht gute Laune.

● Burg Arras, 56859 Alf, Tel. (0 65 42) 2 22 75
www.arras.de
● ÖPNV: Bus 727, Haltestelle Alf Fabrik

Volle Pulle

3 Im Weingut Immich-Anker in Enkirch

Wie geht eigentlich Wein? Wer schon immer wissen wollte, wie die Trauben in die Flaschen kommen, der sollte eine nette Winzerin oder einen Winzer besuchen. Denn nirgends kann man die Tropfen besser kennenlernen, als bei den Menschen, die sie erzeugen. Die erklären, wie sie ihren Riesling machen. Und warum genau so und nicht ganz anders. In einer Region, in der sich das Leben seit Jahrhunderten um den Wein dreht, sollte sich im Grunde jeder wenigstens einmal eine Weinprobe gönnen. Dann sitzt man also da, riecht, fragt und schlürft. So lief das zwar schon immer. Doch das Drumherum hat sich inzwischen vielerorts geändert: Holzvertäfelte Probierstube war gestern – der Zeitgeistreisende von heute nimmt Platz in einer Vinothek.

Es weht ein frischer Wind an der Mosel: Mit Ideen und handwerklichem Geschick hat eine neue Generation von Männern und Frauen dem Riesling eine sagenhafte Renaissance beschert. Viele Winzerkinder studieren, reisen um die Welt und kommen mit neuem Know-how zurück in die elterlichen Betriebe. Dann experimentieren sie mit neuen Sorten, lassen originelle Etiketten für ihre Flaschen entwerfen und setzen auf moderne Architektur.

TIPP
Lassen Sie sich vom Winzer durch den Keller mit der Schatzkammer führen.

Auch in Enkirch steht ein innovativer Winzer am Ruder. Gleich neben die elterliche Villa hat Daniel Immich vor einigen Jahren seine Vinothek gesetzt. Schluss mit Eiche rustikal und Römergläsern. Stattdessen Ambiente und ganz viel Licht. In dem freundlichen Raum veranstaltet Daniel nicht nur Feste, sondern auch Krimi-Weinproben, Lesungen und Konzerte. Was passt besser zusammen als der Genuss von Wein und Kultur? Veränderungen sind gut, aber vieles bleibt auch für immer: Der Sekt wird in Enkirch nach wie vor nach einem traditionellen Verfahren gerüttelt. Wer wissen will, wie das geht, darf gerne fragen. Daniel Immich ist ein gesprächiger Winzer, der bei einer Weinprobe fröhlich alles erklärt. Ein interessanter Platz, ein geselliger Ort. Wer Riesling liebt, vereinbart einen Termin und fährt hin.

- Weingut & Sekthaus Immich-Anker, Am Steffensberg 19, 56850 Enkirch, Tel. (0 65 41) 62 30, www.mosel.net
- ÖPNV: Bus 333, Haltestelle Enkirch B53

MMICH
Chuck Ragan

Schön ausgemalt

4 Die Römergräber in Nehren

Die Römer haben bewiesen, dass man das Moseltal durchaus in Sandalen erobern kann. Doch wer sich heute auf die Spuren von Caesars Legionären begibt, ist mit festen Schuhen besser beraten. Denn entlang der alten Straßen der Römer gibt es heute immerhin über 50 antike Funde hügelauf und hügelab zu erlaufen: Reste von Kastellen, Siedlungen oder Bädern und natürlich Gutshöfe und antike Kelteranlagen. Zwar beschäftigten sich wohl schon die Kelten mit den Reben, doch erst die Römer waren es, die den Weinbau professionell in großen Gütern betrieben.

Auch in Nehren befand sich vermutlich ein solcher Hof. Hoch über dem Dorf erkennt man heute zwei kleine Grabtempel eines römischen Weingutsbesitzers. Er war offenbar so hingerissen von der fantastischen Aussicht übers Tal, dass er sich nach dem Ende seiner Tage in seinen Weinbergen bestatten ließ.

Gräber in so exklusiver Lage galten damals als kostspielige Statussymbole. Aber auch das Innere der Anlage mit den marmorumhüllten Sarkophagen weist auf einen wohlhabenden Erbauer hin, sagen die Archäologen. Die beiden hübschen Tempelchen haben die Fachleute fürsorglich rekonstruiert – die darunterliegende Grabkammer mit ihrer Gewölbemalerei aus dem dritten bis vierten Jahrhundert ist jedoch im Original erhalten. Der historische Schatz bleibt neugierigen Passanten auf den ersten Blick verborgen, öffnet man jedoch die kleine Fensterluke in der schweren Grabkammertür, bringt ein Automatismus Licht ins Dunkel: Mit einem Muster aus Früchten, Blättern und Blumen wurden damals die Wände dieses Liegeplatzes für die Ewigkeit geschmückt.

Dieses bemerkenswerte Souvenir der Römer verdient unbedingt einen Besuch. Von Nehren aus ist dieser Logenplatz mit Weitblickgarantie über einen kurzen Weg bequem zu erreichen. Wer es noch authentischer mag, kann ihn ja mit Riemchensandalen beschreiten.

- Römergräber, oberhalb der Ortschaft in den Weinbergen, 56820 Nehren
  www.nehren-mosel.de
- ÖPNV: Bus 711, Haltestelle Nehren

Hol schon mal den Wagen

5

Das Zylinderhaus in Bernkastel-Kues

Borgward-Isabella – schon der Name ist Verheißung. Das tönt nach sportlicher Eleganz, mondän, allererstem Wohlstand und dem ganz großen Auftritt. „Will ich haben!", seufzt das Herz von Liebhabern alter Schätzchen. Der Hingucker hat sich in den späten 1950er-Jahren eine riesige Fan-Gemeinde aufgebaut, die bis heute noch existiert. Und im Zylinderhaus in Bernkastel-Kues glitzert die historische Begehrlichkeit mit mehr als 100 anderen Old- und Youngtimern um die Wette.
Fahrzeug-Legenden aus deutscher Produktion von 1928 bis hin zu Kult-Karossen aus den 1970er-Jahren reihen sich aneinander: Ein DKW Monza, der erste Sportwagen aus Kunststoff von 1957, residiert in der Nachbarschaft eines Audi Cabriolets aus dem Jahr 1937, von dem es weltweit gerade mal noch sechs Exemplare gibt. Kenner sind hin und weg von einem feuerroten Karmann Ghia, den der Volksmund damals noch despektierlich „Hausfrauen-Porsche" nannte. Knuffelige Isettas und Goggomobile finden in dem Museum ihren Platz, genauso wie ein Polizeiwagen von BMW, wie wir ihn von Kommissar Derrick und seinem treuen Begleiter Harry kennen. Gezeigt wird aber auch eine attraktiv arrangierte Schrottplatz-Idylle. Und ein Campingplatz der 1960er-Jahre ist zu sehen. Er erinnert daran, wie die Deutschen mit ihren geliebten Bullis erstmals über die Alpen in die ersehnten Ferien düsten.

TIPP
Im Aufzug des Museums taucht man ein in eine optische Illusion. Nicht verpassen!

Doch dieses Technikmuseum ist kein reiner Wallfahrtsort für die Fans historischer Schlitten: Nebenbei gewährt die Ausstellung einen Blick auf die Epochen, in denen Ingenieure diese Fahrzeuge schufen. Die Aufbruchstimmung des Wirtschaftswunders wird erlebbar gemacht. Dafür wurde als Kulisse für die Stars auf Rädern eine Einkaufsgalerie mit Dorfapotheke und einem typischen Tante-Emma-Laden eingerichtet. In dieser edlen Atmosphäre lebt die „gute alte Zeit", als die Postleitzahlen noch vierstellig waren, bis heute weiter. Wer gerne auf der Retro-Welle surft, wird hin und weg sein. Es ist ein optisches Fest.

- Zylinderhaus, Adolf-Kolping-Straße 2, 54470 Bernkastel-Kues, Tel. (0 65 31) 9 73 77 76, www.zylinderhaus.com
- ÖPNV: Bus 300, 346, Haltestelle Bernkastel-Kues B53

GOLIATH

Sand in Sicht

6 Die Klosterruine Stuben bei Bremm

Es gibt diese Tage, da will man einfach raus. Für ein paar Stunden entspannen in der Abgeschiedenheit, am besten mit der Nase in der Sonne, den Augen geschlossen und den Zehen im Sand. Herrlich. Viele Menschen sehnen sich nach Stille, nach Momenten, in denen sie niemand stört. Irgendwann ist doch jeder von uns mal reif für die Insel.

Umso besser, dass man dafür an der Mosel gar nicht erst um die halbe Welt gondeln muss, sondern nur bis zum ehemaligen Kloster Stuben, gegenüber von Bremm. Es steht auf der „Insula St. Nicolai" – das klingt doch schon nach einem Sehnsuchtsort, oder? So wird diese Landzunge in der Calmont-Region in den alten Schriften tatsächlich genannt. Es ist einer dieser Plätze, an denen sich sogar Einheimische wie im Urlaub fühlen. Mit dem Auto ist die Klosterruine über einen Feldweg von Neef aus zu erreichen, aber am besten rollt man mit dem Fahrrad dorthin.

TIPP

Zum Mosel Musikfestival wird die Ruine bespielt und stimmungsvoll ausgeleuchtet.

Umgeben von Weinbergen träumt das verlassene Augustiner-Chorfrauen-Stift aus dem 12. Jahrhundert vor sich hin. Die Bewohnerinnen sind schon vor rund 200 Jahren ausgezogen, das Kloster wurde später sogar abgerissen. Doch zurückgeblieben sind drei Außenmauern von der barockzeitlichen Klosterkirche. Mit ihren schlanken Spitzbogenfenstern ragen sie schon von weitem sichtbar aus der Landschaft heraus.

Den Sommer über gastiert abends das Mosel Musikfestival in dem charmanten Gemäuer. Doch ein Geheimtipp ist immer noch der kleine Sandstrand unmittelbar davor. Ein Paradies, um in der Sonne zu dösen. Am gegenüberliegenden Ufer baut sich das Felshalbrund des Calmonts auf. Man muss den Kopf ganz in den Nacken legen, um den Gipfel des steilen Weinbergs zu sehen, ab und zu zischen Motorboote vorbei. Alltagsflüchtlinge lassen ihre Füße in die Mosel baumeln und den Gedanken freien Lauf, während Vögel im Geäst der Bäume ihre Kunststückchen vollführen. Wer braucht schon Palmen zur Entspannung, wenn er dieses Fleckchen Erde für sich alleine haben kann.

- Klosterruine Stuben, 56814 Bremm
  www.bremm.info/kloster
- ÖPNV: Bahnhof Neef, von der Neefer Brücke führt ein Feldweg zur Ruine

Gib mir die Kugel!

7 Das Café Hansen in Bernkastel-Kues

„Pralinen und Trüffel", verkündet eine Aufschrift auf dem Fenster. Da tauchen vor dem geistigen Auge Bilder auf von schmelzender, zartherber Schokolade, von cremigen Füllungen, die Mund und Zunge schmeicheln, garniert mit krachenden Nüssen. Oh Schreck, jammert das manchmal allzu strenge Über-Ich, steht Süßes doch immer im Verdacht, sich auf der Hüfte niederzulassen. Doch wo Butterberge, Zucker und herrliche Gewürze aufeinandertreffen, jubelt das genusssüchtige Es: Das will ich, und zwar sofort. Pralinchen machen mich glücklich!

Also hineinspaziert ins verführerische Café Hansen. Versprochen: Diese lässliche Sünde lohnt sich. Prominent am Marktplatz gelegen, freut sich das elegante Gründerhaus über regen Besuch. Kein Wunder, denn hinter der rosafarbenen Fassade zeigt sich Bernkastel schon seit über 100 Jahren von seiner Schokoladenseite. Konditormeister Norbert Hansen hat das Café von seinen Eltern übernommen und führt den Betrieb nun schon in der dritten Generation. Dass es die „Drei von der Mosel" in sich haben, hat sich bei Einheimischen und Touristen also längst herumgesprochen.

Hinter dem Namen des Trios verbergen sich schokoladenumhüllte Bernkasteler Winzertrüffel nebst Rieslingsekttrüffeln und Weinlikörtrüffeln – eine süße Hommage an die Heimatstadt und Region. Eine weitere Spezialität des Hauses ist die Cusanus-Kugel, inspiriert vom berühmtesten Sohn der Stadt, Nikolaus von Kues, der Universalgelehrte und Kardinal. Sie ist seinem Globusspiel nachempfunden, dessen wichtigstes Requisit eine Kugel mit einer Delle ist. Genauso asymmetrisch hat Norbert Hansen seine filigrane Eigenkreation geformt. Einige der regionalen Zutaten und Gewürze darin wurden schon in Zeiten von Cusanus vor über 600 Jahren verwendet, außerdem auch zwei Edelschokoladen, Ingwer, Chili und alter Trester aus dem Holzfass. Diese Füllung ist eine Wucht und sie beweist: Pralinen gelten mit Recht als die Krönung der Chocolatierskunst. Die Cusanus-Kugeln jedenfalls sind essbares Glück.

- Café Hansen, Markt 26, 54470 Bernkastel-Kues, Tel. (0 65 31) 22 15 www.cafehansen.de
- ÖPNV: Bus 333, Haltestelle Bernkastel-Kues Tourist-Info

CUSANUS KUGELN
ZUM KUGELSPIEL DES NIKOLAUS VON KUES
RIESLING
KTTRÜFFEL
WEINLIKÖR
TRÜFFEL

Hauptsache Heimat

8

Die Filmschauplätze in Beilstein

Das kleine Beilstein berührt. In warmes Licht getaucht, wirkt das Geschachtel aus Giebeldächern wie ein Gemälde von William Turner. So romantisch ist das. Aber vor allem ein Stück weit aus der Realität gefallen, als sei hier die Zeit vor langen 700 Jahren einfach stehen geblieben. Genauso fühlt es sich an, wenn man durch das Dörfchen mit gerade mal 110 Einwohnern stapft. Und das ist sie gewissermaßen ja auch, denn das mittelalterliche Stadtbild blieb wie nirgendwo sonst an der Mosel nahezu unversehrt erhalten.

Ganz Beilstein besteht aus blumengeschmückten Fachwerkhäuschen, verbunden durch Torbögen, verwinkelte Gässchen und Stiegen. Die große Kirche auf dem Hügel, die vielen Weinkeller, der Marktplatz und die Burg verdichten sich zu einem Urbild altdeutscher Gemütlichkeit, dass es einem ganz warm ums Herz werden will. Wer je einen dieser uralten Heimatfilme im Fernsehen gesehen hat: Hier steht man mittendrin.

Tatsächlich waren die Regisseure der schwarzweißen Streifen damals so entzückt von dem Ensemble, dass sie viele Kinokassenschlager in Beilstein drehten. Sie erzählten Geschichten von der ganz großen Liebe und immer mit Happy End. Prominent besetzt, zum Beispiel mit der hinreißenden jungen Marianne Koch oder mit Curd Jürgens in der Rolle des „Schinderhannes". Die ganz Großen gaben sich damals die Klinke in die Hand. Der unvergessene Heinz Rühmann residierte 1936 in dem Gästehaus der weinumrankten Winzerschenke, die es natürlich immer noch gibt. Und das Kölner Urgestein Willy Millowitsch hüpfte als „Der wahre Jakob" die benachbarte Klostertreppe hinab.

Heute steigen zwar täglich mitunter 1000 Touristen über diese Stufen, doch wer früh am Morgen nach Beilstein kommt, kann fast alleine in die Illusion der Vergangenheit eintauchen. In diesem Träumchen von einem Dörfchen kann man sich verlieren, versteckte Winkel erkunden, staunen. Dass es diese heile Welt nie gab – geschenkt. Wen nostalgische Zeitreisen glücklich machen, der ist in Beilstein goldrichtig.

TIPP

Ein besonderes Erlebnis ist die sozialhistorische Stadtführung: www.beilstein-stadtfuehrung.de

● 56814 Beilstein
www.beilstein-mosel.de
● ÖPNV: Bus 716, Haltestelle Beilstein

Winzerschenke

Kein Rotkäppchen in Sicht

9

Der Wald bei Ürzig

Das Glück ist eine Diva, es mag nicht, wenn man es drängelt. Es kommt einfach vorbei, wann es gerade will. Besonders gerne dann, wenn man überhaupt nicht mit ihm rechnet. Zum Beispiel, wenn man sich verfährt, weil man ohne Navi auf der Suche nach dem Ürziger Gewürzgarten durch die Gegend hänselt und gretelt. Durchaus auch ein Glücksort, dank über 10.000 Pflanzen, die in dem ehemaligen Weinberg wachsen und blühen. Wer allerdings in Ürzig versehentlich in diese unscheinbare Sackgasse einbiegt, den steilen Berg immer weiter hinauffährt, bis er die Häuser hinter sich lässt, dem offenbart sich plötzlich eine grimmsche Märchenwelt: Efeuranken und Farne säumen einen fast unwirklich erscheinenden Hohlweg, der in einen Zauberwald führt. Vom Sturm geknickte Stämme liegen herum, die Felsen tragen samtgrünen Pelz, Sonnenstrahlen lassen morsches Wurzelwerk leuchten. Ein verwittertes Holzbrückchen leitet zu einer Hütte auf einem Hügel. Es duftet nach Erde, Zweige knacken unter den Sohlen. Ein Specht tockt emsig in die Rinde, himmelhohe Eichen schlucken jedes andere Geräusch. Rotkäppchen oder Schneewittchen wurden hier bislang zwar noch nicht gesichtet, aber wer weiß.

Der Wald war hierzulande noch nie nur eine Ansammlung von Bäumen, seit Jahrhunderten schwärmen Dichter und Literaten von seiner Schönheit und Energie. „Die Seele wird vom Pflastertreten krumm. Mit Bäumen kann man wie mit Brüdern reden und tauscht bei ihnen seine Seele um“, schrieb der Schriftsteller Erich Kästner. „Die Wälder schweigen. Doch sie sind nicht stumm. Und wer auch kommen mag, sie trösten jeden.“ Aber auch weniger romantische Forscher stellen immer wieder fest, dass sich Spaziergänge durchs blickdichte Grün tatsächlich positiv auswirken auf Körper und Geist: Das Herz schlägt messbar ruhiger, der Blutdruck sinkt, die Anspannung wird verscheucht. Was für ein Glück. Wir sollten uns eigentlich viel öfter durchs Unterholz schlagen. Der leise Wald verspricht Ruhe und inneren Frieden.

- Altenbergstraße, 54539 Ürzig
- ÖPNV: Bus 333, Haltestelle Ürzig Ort

Luxus der Einfachheit

10 Die Pilgerherberge in Traben-Trarbach

Wer bei Ulrike Böcking in der Alten Lateinschule eincheckt, kommt mit kleinem Gepäck. Manche sind nur auf der Suche nach einem günstigen Bett für die Nacht, doch die meisten, die in der Herberge in Trarbach einkehren, sind auf den Spuren des Heiligen Jakobus unterwegs. Denn längst hat der Pilger-Boom auch die Mosel erfasst. Was früher eine religiöse Pflicht war, ist inzwischen für viele Zeitgenossen der Weg zum Glück. Das Laufen erdet.

Der Mosel-Camino ist ein spiritueller Zubringerpfad zu dem berühmten Weg nach Santiago de Compostela. Er führt von Koblenz-Stolzenfels zur Abtei St. Matthias in Trier. Und etwa auf halber Strecke steht die Alte Lateinschule auf einem Hügel. Das weißgetünchte Gebäude mit Turm neben der evangelischen Kirche sieht aus wie aus dem Bilderbuch. Für Ulrike Böcking, eine Frau, für die der Begriff „gastfreundlich" geradezu erfunden sein könnte, lag es vor einigen Jahren nahe, in dem leerstehenden Haus eine Pilgerherberge einzurichten.

Die Gastgeberin verspricht zwar keinen Luxus. Es gibt weder Flachbildschirme noch für jeden Gast ein eigenes Bad, geschweige denn Einzel- oder Doppelzimmer. Die Alte Lateinschule ist sozusagen ein Null-Sterne-Hotel. Dass es hier allerdings ein unglaublich leckeres Frühstück und ganz viel Fürsorge gibt, wird per Flüsterpost von den Gästen weitergetragen.

Der Gemeinschaftsraum im Erdgeschoss ist freundlich und hell, der Schlafsaal unterm Spitzdach kuschelig-gemütlich. Mit viel Energie bewahrt Ulrike Böcking diesen einzigartigen, rund 500 Jahre alten Ort. Sie versorgt Übernachtungsgäste mit Bettwäsche, Zuwendung und selbst gemachter Marmelade. Der von ihr mit so viel Liebe gepflegte und gehegte Garten bietet Platz für Muße und Begegnungen mit sympathischen Menschen. Und spätabends, wenn man dort sitzt, wird aus der einfachen Herberge doch noch ein 1000-Sterne-Hotel. Man braucht doch nur hinauf zum Himmel zu schauen.

- Alte Lateinschule, Kirchgasse 23, 56841 Traben-Trarbach, Tel. (01 71) 3 84 36 01
  www.altelateinschule.com
- ÖPNV: Bus 333, Haltestelle Traben-Trarbach Enkircher Straße

ÜBER
NACHT

Einmal Augenschmaus, bitte

11 Die Burgruine Landshut in Bernkastel-Kues

Aufstehen und gehen? Nie im Leben! Sicher, der Andrang ist groß. Die suchenden Blicke der Neuankömmlinge nach einem freien Tisch sind schwer zu ignorieren. Doch diesen Logenplatz geben wir nicht auf. Hier liegt uns die Mosel wie auf dem Silbertablett präsentiert zu Füßen, man weiß kaum, wohin mit den Augen. Das ist eine Landschaft, an der man sich schwer sattsehen kann. Aber sich beim Gucken sattessen, das geht sehr wohl. Zum Beispiel wenn man dieses im Wortsinn gehobene Restaurant in der Burgruine Landshut besucht.

Diese Anlage auf dem Burgberg gehört nicht nur zu den populärsten Ausflugszielen der Region, inzwischen weiß man, dass sie sogar zu den ältesten Bauwerken an der Mosel zählt. Zwar wurde die Burg vor gut 700 Jahren vom Trierer Erzbischof Heinrich von Finstingen gebaut. Doch bei der Sanierung der Ruine im Sommer 2012 stießen die Forscher auf die Reste eines antiken Kastells, mit dem die Römer bereits im vierten Jahrhundert die Mosel gesichert haben. Damit hatte bislang niemand gerechnet, jahrhundertelang waren die massiven Mauern gut im Erdreich versteckt.

Mit einem Millionenaufwand brachte die Stadt Bernkastel das prächtige Gemäuer auf Vordermann und setzte das römische Erbe in Szene. Heute informieren draußen auf einem Rundweg Schilder über den bemerkenswerten Fund. Und drinnen im Restaurant werden Leckereien aus der gehobenen bürgerlichen Küche serviert.

TIPP
Der gelbe Bus „Burg Landshut Express“ pendelt zwischen der Haltestelle Am Gestade und der Burg.

Speis und Trank muss man bezahlen, den Augenschmaus gibt es gratis dazu: Das 10 Meter breite Panoramafenster eröffnet eine phänomenale Sicht über das größte zusammenhängende Rieslinganbaugebiet der Mittelmosel. Wer noch höher hinaus will, setzt sich auf die darüber liegende Dachterrasse oder steigt über eine schmale Treppe zum Bergfried hinauf. Unten der Fluss und das Rebenmeer und oben ist reichlich Platz für das ganz große Wolkentheater. So lässt es sich leben.

- Burg Landshut, Am Burgberg 1, 54470 Bernkastel-Kues, Tel. (0 65 31) 9 72 77-0 www.burglandshut.de
- ÖPNV: Bus 333, Haltestelle Bernkastel-Kues Tourist-Info

Kunst mit Köpfchen

12 Der Skulpturengarten in Traben-Trarbach

Nanu, was ist denn das? Am Straßenrand taucht plötzlich eine steinerne Hand mit ausgestrecktem Zeigefinger auf. Der Hingucker weist den Weg auf das Grundstück von Jürgen Waxweiler, ein Kleinod, das unbedingt entdeckt werden will. Jürgen Waxweiler ist Bildhauer – und Kopfmensch. Das kann man getrost so sagen. Sein Markenzeichen sind nämlich Köpfe. Köpfe in verschiedenen Variationen: Doppelköpfe oder die Häupter tierischer Gestalten. Ebenso Halbgötter, geheimnisvolle Traumwesen und Menschenköpfe lässt der Künstler entstehen. Bei seinen Arbeiten wirbelt er mächtig Staub auf, denn viele seiner Skulpturen holt er aus heimischem Sandstein heraus. Man kann die Quader noch ganz genau erkennen, aus denen sie herausgemeißelt wurden.
Zum Glück werden die spannenden Werke nicht nur in Sammlungen und privaten Parkanlagen versteckt. Der Künstler zeigt seine Skulpturen in Ausstellungen im In- und Ausland und für jedermann zugänglich im öffentlichen Raum. In der Region kann man ihnen tatsächlich auf Schritt und Tritt begegnen: Vier seiner Steinköpfe haben in den Weinbergen über Traben Wurzeln geschlagen, ein weiteres Werk im Skulpturenpark in Senheim. Er schuf den „Großen Kopf" für Wittlich und die fast 7 Meter hohe Skulptur namens „Großer Doppelkopf“ im Verkehrskreisel der Doppelstadt: Wie ein Wächter schaut nun ein Kopf nach Traben, der andere nach Trarbach.
Und vor der Kulisse der 500 Jahre alten spätgotischen Kapelle an der Schottstraße wurde dieser bezaubernde Skulpturengarten angelegt. Auch hier heißt es: Betreten ist ausdrücklich erlaubt. Helden, Götter und ein mysteriöser Katzenmann bevölkern den schönen Platz. Vom Künstler mit Bedacht in Gruppen arrangiert, strahlen ihre Gesichter Gelassenheit aus. Sehenswert sind aber auch die geheimnisvollen „Nächtlichen Besucher“, ausgestellt im Atelier. Für deren Besichtigung vereinbart man am besten einen Termin, der Garten hingegen steht jederzeit offen.

- Skulpturengarten, Schottstraße 20, 56841 Traben-Trarbach, Tel. (0 65 41) 36 79
www.waxweilerskulpturen.de
- ÖPNV: BUS 333, Haltestelle Traben-Trarbach Enkircher Straße

Wie auf Schienen

13

Radeln auf dem Maare-Mosel-Radweg

Hinter Hasborn beginnt die ganz große Freiheit. Aber eben erst dahinter. Davor muss zunächst hin und wieder kräftig in die Pedale getreten werden. Manchmal ist es eben ein klitzekleines bisschen anstrengend, sich dem Glück zu nähern. Und ein Paradebeispiel dafür ist dieser stillgelegte Bahndamm, der von der Vulkan-Eifel hinunter ans Ufer der Mosel führt.

Bis Anfang der 1980er-Jahre schnauften hier noch Züge entlang. Die Schienen sind längst verschwunden, doch einen Tunnel mit dem schönen Namen „Großes Schlitzohr" hat man zum Glück stehen lassen. Geblieben sind auch der hübsch restaurierte Bahnhof in Gillenfeld, einige Eisenbahn-Relikte und ein putziges Wartehäuschen. Und mit ihnen einer der schönsten Bahntrassen-Wege im Land.

TIPP

Der Radlerbus transportiert Radfahrer nebst Rad von der Mosel nach Daun. Reservieren nicht vergessen!

Knapp 60 Kilometer sind es vom Startpunkt Dauner Bahnhof über den Maare-Mosel-Radweg bis zum Ziel Bernkastel-Kues. Eine Strecke, die man in gut vier Stunden bewältigen kann. Denn es geht zwar immer wieder kurz bergan und bergab, meist schnurren die Räder jedoch gemütlich ebenen Weges daher. Vorbei an Ginstersträuchern und Wäldern, etlichen Wiesen mit Kühen. Der Maare-Mosel-Radweg streift auch erloschene Vulkane, Ortschaften und Naturschutzgebiete.

Bei Hasborn ist noch einmal eine Steigung zu bewältigen. Doch dann passiert's: Das Rad wird von Sekunde zu Sekunde schneller. In Richtung Wittlich geht's über 10 Kilometer rasant bergab. Einen Moment lang wähnt man sich in einer anderen Welt, denn man umkurvt ein baufälliges Viadukt, das so aussieht wie aus einem Harry-Potter-Roman. Unterwegs werden übers Lenkrad gebeugt mit ordentlichem Tempo drei beleuchtete Tunnel nacheinander passiert, dann fliegt mit der Sonne im Gesicht und Wind in den Haaren rechts und links die Landschaft nur so vorbei. Kann es etwas Befreienderes geben? Mit einem Gefühl von Frische rollt man schließlich durchs Tal der Lieser nach Bernkastel-Kues. Radfahren macht wahrlich glücklich.

- Maare-Mosel-Radweg, Startpunkt Bahnhof Daun
  www.maare-moselradweg.de
- ÖPNV: Regio-Radlerbus 300, Haltestelle Daun

Wo die Götter leben

14

Der Archäologische Park in Pommern

Ja, es gibt sie tatsächlich, diese uralten Plätze, von denen eine besondere Energie auszugehen scheint. Sogenannte „heilige Orte“, an denen sich plötzlich aus unerklärbaren Gründen so ein wohliges Gefühl einstellt. Tiefenentspannung von jetzt auf gleich. Wer es nicht glaubt, der ist vermutlich noch nie auf dem Martberg gewesen.

Schon in der Antike haben die Menschen auf dem Plateau ein bisschen Glück gesucht, denn damals befand sich dort ein bedeutendes Bergheiligtum. Davon gab es zwar einige auf den Hügeln in der Region, aber kein anderes reichte an die Größe und Anziehung dieser Kultanlage zwischen Pommern und Karden heran. Über fünf Jahrhunderte hinweg pilgerten die Gläubigen zu dem Tempel, um ihren Gott mit Opfergaben gewogen zu stimmen. Hunderte Fibeln, Schmuckstücke und tönerne Miniaturgefäße, sogenannte „Tränenkrüglein“, haben die Archäologen bei Ausgrabungen gefunden. Vor allem aber unzählige Münzen aus aller Herren Länder, Tausende davon mit keltischer Prägung.

Denn bevor Cäsars Legionen in der Gegend das Zepter übernahmen, hatten die Treverer, ein keltischer Stamm, schon um 100 vor Christus auf dem Martberg eine mächtige Siedlung gebaut. Keltische Fürsten beherrschten von hier aus das gesamte Gebiet der Untermosel. Zwar gründeten die Römer schon im frühen ersten Jahrhundert nach Christus im Tal die neue Stadt, das heutige Karden. Aber der heilige Tempelbezirk auf dem Berg wurde erst gut 400 Jahre später endgültig aufgegeben. Die rekonstruierten Gebäude, die man heute auf dem Martberg sieht, stehen direkt über den alten Fundamenten.

Aber auch unabhängig von den Gebäuden wird der kleine archäologische Park gern zur Einkehr genutzt. Nicht nur wegen der Leckereien im Martberg-Café. Es ist einfach schön auf dem zum Horizont hin offenen Areal. Dort zu sitzen oder herumzulaufen, fühlt sich ein bisschen an wie eine Reise zwischen den Welten. Die Weite, die Klarheit, das Licht. Auf dem Tafelberg herrscht noch heute eine göttliche Atmosphäre.

TIPP

Lassen Sie sich den Haupttempel des Heiligtums aufschließen, um die nachempfundenen Wandmalereien zu sehen.

● Martberg, 56829 Pommern
www.martberg-pommern.de
● ÖPNV: Bahnhof Pommern, ein Schotterweg ist ab Pommern ausgeschildert

Auge in Auge mit dem Uhu

15

Auf der Festung Ehrenbreitstein

Wenn es heute über der Festung Ehrenbreitstein in allen Farben blitzt und kracht, freut sich ganz Koblenz samt Besuchern. Denn ihre militärische Bedeutung hat die Anlage glücklicherweise schon vor über 100 Jahren verloren. Zwischen 1817 und 1828 erbaut, dient das einstige Bollwerk heute nur noch als imposante Kulisse für Feuerwerke. Allerdings nicht nur als das.

Denn das Gelände auf dem Plateau wurde für die Bundesgartenschau 2011 saniert, wobei ein großer Landschaftspark und ein Erlebnisweg zur Geschichte mit vielen elektronischen Gimmicks entstanden. Aus der Festung ist ein quirliges Kulturzentrum mit Ausstellungen, historischen Gärten, Spielplatz und kulinarischen Genüssen geworden. Ein Glücksort für die ganze Familie, an dem man einen ganzen Tag mit unterschiedlichsten Aktivitäten verbringen kann. Ein Highlight im Frühjahr ist das Festungsleuchten, wenn die mächtigen Mauern als Leinwand für ein zauberhaftes Zusammenspiel von Licht, Klang und Schatten dienen.

Und am Wochenende bringen Greifvögel nicht nur Kinderaugen zum Leuchten: Dann fliegen Falkner ihre Wüstenbussarde oder Adler vor Publikum. Bei den Flugvorführungen in der Nähe der Seilbahn-Bergstation erfährt man Interessantes über das Leben der Vögel und die hohe Kunst der Beizjagd. Tolle Tiere sind das, so stolz und erhaben. Ehrfürchtig werden die Könige der Lüfte beäugt. Knuddeliger sind die Uhus und Eulen. Wie warm und weich sie doch sind. Die Zuschauer dürfen sogar auf Federfühlung gehen, das zarte Gefieder streicheln und sich mit den freundlichen Gesellen auf der Hand fotografieren lassen. Auge in Auge mit dem Uhu – näher dran geht nicht.

Um in der Vogelperspektive zu bleiben: Wenn die Sonne allmählich hinter den Häusern verschwindet, geht man ein paar Meter weiter und steht auf der Aussichtsplattform. Schon im 19. Jahrhundert galt der Blick auf den Zusammenfluss von Mosel und Rhein als Sehnsuchtsziel für reisende Künstler der Romantik. Manches ändert sich eben nie.

● Festung Ehrenbreitstein, 56077 Koblenz
www.tor-zum-welterbe.de
● ÖPNV: Bus 9, 10, Haltestelle Festungsaufzug/Jugendherberge
(weiter mit Schrägaufzug)

Lieblingsort der Künstler

16

Das Cusanus-Geburtshaus in Bernkastel-Kues

Auffällig ist es seit eh und je, denn ein solches Haus erwartet man nicht unbedingt in einem Fachwerkstädtchen wie Bernkastel-Kues. Mit einem Treppentürmchen und rotbraunen Zinnen rings um das steile Dach steht es am Nikolausufer. Passanten bleiben neugierig davor stehen und zücken den Fotoapparat. Die nahezu orientalisch anmutende Architektur verzaubert. Wer ganz genau hinguckt, bekommt sogar einen Hinweis auf den ehemaligen Bewohner: Im Wappen hoch oben rechts an der Fassade ist ein Krebs zu erkennen.

In diesem Schmuckstück erblickte Nikolaus Cryfftz (auf moselfränkisch „Krebs") im Jahr 1401 das Licht der Welt. Weltberühmt wurde er später als Nikolaus von Kues oder als Cusanus. Von der Mosel zog er hinaus in die Welt und meisterte einen kometenhaften Aufstieg vom Bürgersohn bis in die höchsten Ränge der Kirche. Cusanus wurde Bischof, einziger deutscher Kardinal seiner Zeit und Stellvertreter des Papstes. Doch seiner Heimatstadt bleibt er vor allem als großzügiger Spender in Erinnerung, denn er schenkte Bernkastel-Kues ein Altenheim, das nur einen Steinwurf entfernte St. Nikolaus-Hospital.

Cusanus war auch ein großer Philosoph und Universalgelehrter. In seinem Geburtshaus soll er sein Hauptwerk „De docta ignorantia" („Über die belehrte Unwissenheit") am 12. Februar 1440 vollendet haben. Damals sah es dort allerdings noch etwas anders aus. Jedes noch so prachtvolle Gebäude verfällt irgendwann: Um 1570 wurde der heutige Renaissancebau auf den Grundmauern des alten Hauses neu errichtet und in den 1970er-Jahren von der Cusanus-Gesellschaft vorbildlich saniert. Seine besondere Ausstrahlung hat sich der charmante Bau bis heute erhalten. Er beherbergt ein kleines Museum, das vom Werdegang des Cusanus erzählt, und dient zudem als Standesamt, Ausstellungsort und Konzertsaal. Nicht nur Künstler lieben das Flair. Das Geburtshaus ist ein Glücksort für Geschichtsinteressierte, Kulturfreunde und verliebte Paare.

TIPP

Lassen Sie sich von Museumsleiter Gerhard Kluth das Globolus-Spiel des Cusanus zeigen.

- Cusanus-Geburtshaus, Nikolausufer 49, 54470 Bernkastel-Kues
www.nikolaus-von-kues.de
- ÖPNV: Bus 301, Haltestelle Bernkastel-Kues Kardinalstraße

ANNO·DOMINI·M·D·LXX
INSIGNIA REVERENDISSIMI·DNI
NICOLAI CVSANI CARDINALIS ET
EPI BRIXIEN: AFFIXA ANNO DNI·1570

Ein Bild von einer Ruine

17

Das Wolfer Kloster in Wolf

Noch romantischer wäre es hier wohl nur mit großem Mond. Aber auch wenn die Sonne hoch im Himmelblauen steht, ist die Ruine über Wolf ein magisch anmutender Ort. Man wähnt sich in einer Welt voller Zauber. Ein Felsenpfad schlängelt sich den Berg hinauf, gesäumt von betagten Bäumen. Und am Ende dieses Weges ragen die Steine aus immerhin 800 Jahren Vergangenheit in unsere Zeit. Wenn morgens hier der Nebel wabert, fehlt eigentlich nur noch ein Ritter auf seinem Pferd. Die meisten nehmen an, es handele sich bei der Ruine um die Reste einer Burg. In Wahrheit war das Gemäuer allerdings einst eine der ersten Pfarrkirchen im Moseltal, geführt von der Ordensgemeinschaft „Unserer lieben Frau". Aus allen Himmelsrichtungen pilgerten die Menschen damals auf den Göckelsberg zur Maria, der man wundertätige Kräfte zuschrieb. Heute spricht allerdings kaum noch jemand von der Liebfrauenkirche, denn seinen Namen bekam das Gotteshaus von den nachfolgenden Bewohnern: Von 1478 bis 1560 wirkte hier eine vorreformatorische Laienbewegung, die „Brüder vom gemeinsamen Leben". Wegen ihrer Hüte wurden die Männer im Volksmund auch „Kogelherren" genannt. Obwohl sie gar keine Mönche waren, heißt das Bauwerk seitdem Wolfer Kloster.

TIPP
Rechts neben der Ruine führt ein Weg zu einem schönen Aussichtspunkt mit Blick auf Kröv.

Die fleißigen Brüder gründeten ein Weingut und bauten ihr Zuhause immer weiter aus. Doch als sich die Sponheimer Grafen zur Reformation bekannten, wurde das Kloster aufgelöst und eine evangelische Gemeinde in Wolf gegründet. Mit dem Bau der heute noch dort stehenden Kirche ließ man das Gemäuer auf dem Berg zwar ab 1685 verfallen. Doch dort, wohin sich die Nonnen schon im 13. Jahrhundert zurückgezogen hatten, um Gott ganz nah zu sein, spürt man noch heute eine besondere Atmosphäre. Man hört: keine Autos, nur Vögel. Wer sich auf einer Decke in den Schatten der Ruine setzt, wird diese Ruhe genießen. Ein idealer Ort zum Entspannen, wie für ein Picknick gemacht. An solchen Plätzen schmeckt sogar Apfelsaft wie Champagner.

- Klosterruine Wolf, Göckelsberg, 56841 Traben-Trarbach Wolf
  www.traben-trarbach.de/wolfer-kloster
- ÖPNV: Bus 333, Haltestelle Traben-Trarbach Wolf Ort

Wo der Pfeffer wächst

18 Der Kletterweg in Erden

Manchmal reichen zwei Stunden, und die Welt sieht noch ein bisschen schöner aus. Bunter vor allem. Noch bunter, als sie vorher schon war. Und das geht so unglaublich leicht. Man muss einfach nur dorthin gehen, wo der Pfeffer wächst. Ja, richtig gelesen. Im Hang gegenüber von Erden sprießt so manches ungewöhnliche Kraut. Das besondere Klima in diesem Wingert, so sagt der Moselfranke zum Weinberg, wussten schon die Römer zu schätzen. Daran erinnert heute die Kelteranlage am Ufer. Und gleich links daneben führt ein schöner Klettersteig durch lange Reihen von Rebstöcken den Hügel hinauf.

Nicht irgendeine Rebsorte wächst hier, sondern zwei der besten Rieslinge, die die Mittelmosel zu bieten hat: Der Pfad schlängelt sich durch die berühmte Lage Erdener Treppchen und die winzige Parzelle mit dem wohlklingenden Namen Prälat. Über Hunderte von Stufen geht es durch das begehrte Fleckchen Land. Mal sind sie aus Beton, mal aus Metall, mal in den Rotschiefer gehauen. Das Treppchen gibt es also wirklich!

TIPP

Im Weinberg stehen Tische und Bänke für ein Picknick.

Gut 140 Höhenmeter dürfen in einem ständigen Auf und Ab überwunden werden. Der Weg ist zwar nur 4,3 Kilometer lang, aber die haben es ganz schön in sich. Denn fast immer geht es durch die Sonne. Kein Wunder, dass sich hier so viele Mauereidechsen tummeln. Schon im Frühjahr leuchtet der Goldlack, der eigentlich im Mittelmeerraum beheimatet ist. Der würzige Duft von Wermut liegt in der Luft. Das Berg-Steinkraut, das entlang der Mosel nur an diesem Steilhang wächst, grüßt mit seiner zitronengelben Pracht. Mauerpfeffer quillt aus dem blanken Fels. Wer Glück hat, entdeckt sogar eine der ganz seltenen linksgewundenen Weinbergschnecken. Bei den meisten der Tiere dreht sich das Gehäuse nämlich andersherum. Auch der Uhu hat hier sein Revier.

Eine lauschige Bank am Weg. Der Blick fliegt über das Spektakel in Rot, Weiß, Lila und Gelb. Wanderfalken segeln im warmen Aufwind um grüne Rebstöcke herum. In der Tiefe glitzert die Mosel blau vor sich. Wie schön bunt die Welt doch sein kann.

● Erdener Kletterweg, 54492 Erden, Einstieg Römische Kelteranlage am gegenüberliegenden Moselufer, www.kletterweg.de

● ÖPNV: Bus 333, Haltestelle Ürzig Ort

Erden

Küss mich, Prinz

19

In der Ehrenburg in Brodenbach

Seltsam aufgetürmte Steine, Zauberwälder oder Burgen mit Gespenstern – seit dem Mittelalter werden in ganz Deutschland Sagen und Legenden erzählt. Fast jede Region hat ihre eigene Welt an fabelhaften Orten, deren Geschichten die Menschen über Generationen hinweg faszinieren.

Wer auf den Spuren uralter Überlieferungen entlang der Mosel reist, gelangt früher oder später – je nachdem ob er an der Quelle oder Mündung beginnt – in die Wälder des Ehrbachtals. Dort erhebt sich aus einem Meer in allen Schattierungen von Grün ein steiler Fels, der seit über 850 Jahren die mächtige Ehrenburg trägt. Von verschlafen kann bei diesem Märchen-Gemäuer allerdings keine Rede sein: Dieser mittelalterliche Tummelplatz wirbt zu Recht damit, eine lebendige Burg zu sein – heute so wie früher. Ob nun Wettbewerbe im Bogenschießen, spektakuläre Ritterspiele oder die herrliche „Frühlingstafeley" mit Spielleuten und Gauklern – rund ums Jahr werden Veranstaltungen für Kinder und Erwachsene geboten. Verliebte Paare können sich auf der Burg sogar das Ja-Wort geben. Spätestens dann kommt die Legende von der Kussnische ins Spiel. Besagte Kussnische ist ein romantisches Plätzchen auf dem Gelände. Der Sage nach traf hier einst ein stolzer Ritter auf ein bezauberndes Fräulein. Die beiden verliebten sich auf der Stelle unsterblich ineinander und schworen ewige Treue. Der edle Ritter, ein Mann der Tat, beschloss, genau auf diesem Felsen eine eigene Burg für das junge Glück zu errichten.

TIPP
Die mächtigen Mauern beherbergen 13 Kemenaten, in denen man übernachten kann.

Und dann das: Beim Roden des Bauplatzes kam eine uralte Stele zutage, deren Inschrift – so steht es geschrieben – das verliebte Paar zutiefst bewegte: Ein hellseherisches Wesen hatte darauf in grauer Vorzeit das unverhoffte Glück der beiden und sogar den Bau einer Burg bereits prophezeit. Seitdem wird gesagt, dass die Liebenden, die sich in der Kussnische mit einem Kuss die Treue schwören, tatsächlich für immer zusammen sein werden. Wer verliebt ist, probiert's am besten gleich aus.

- Ehrenburg, 56332 Brodenbach, Tel. (0 26 05) 30 77
  www.ehrenburg.de
- ÖPNV: Bus 301 Haltestelle Brodenbach Niederbach
  (keine direkte Anbindung zur Burg)

Mit Goethe ins Gestern

20 Das Mittelmosel-Museum in Traben-Trarbach

Eine Nacht im Museum verbringen? Das klingt ja wie im Film: In dem Hollywood-Streifen „Nachts im Museum" durfte sich der Schauspieler Ben Stiller mit lebendig gewordenen Ausstellungsexponaten unterhalten. Und tatsächlich wird im Traben-Trarbacher Mittelmosel-Museum einmal pro Jahr ein ähnliches Vergnügen geboten.

Schon die Patriziervilla „Haus Böcking", das die Ausstellung beherbergt, ist eine Rarität. 1755 erbaut, überstand sie als eines der wenigen Gebäude den großen Stadtbrand rund 100 Jahre später. Obendrein kann sie auf berühmte Namen verweisen: Der preußische König Friedrich-Wilhelm IV., Dichterfürst Goethe und sein französischer Kollege Apollinaire waren zu Gast bei den wohlhabenden Böckings.

Heute wird in immerhin über 20 Zimmern gezeigt, wie die großbürgerliche Familie im 18. und 19. Jahrhundert lebte. Schon im Treppenhaus breitet sich dieses Zeitkapselgefühl aus. Eine Augenweide ist die gemalte Landschaftstapete im Herzstück des Hauses, dem barocken Salon. Oder das Speisezimmer mit 1100 kostbaren Delfter Fliesen. Da ist die Gesindestube, das Herrenzimmer. Zu sehen gibt es erlesene Kunst und Kuriositäten. Und wenn Museumsleiter Christof Krieger gut drauf ist, setzt er sich an den über 200 Jahre alten Hammerflügel von Nanette Streicher. Es heißt, dass vermutlich schon Beethoven diese Tasten bespielte, denn er ging damals im Haus der Wiener Klavierbaumeisterin ein und aus.

Untertags zeigt sich das Museum im Normalbetrieb, doch immer an einem Samstag im September wird die Villa Böcking zur Bühne für ein Laien-Schauspiel der besonderen Art: In der Museumsnacht plaudern Rokokodamen beim Tee und eine Hochzeitsgesellschaft feiert im Salon zu Grammophonklängen. Sogar Herr Goethe gibt sich nochmal die Ehre und strunzt mit seiner tollkühnen Fahrt über die Mosel. Rund 80 Einheimische vermitteln in historischen Kostümen eine Idee davon, wie der Alltag in den glanzvollen Tagen dieses Hauses einst ausgesehen haben mag. Das ist ganz großes Kino!

- Mittelmosel-Museum, Casinostraße 2, 56841 Traben-Trarbach, Tel. (0 65 41) 94 80 www.traben-trarbach.de
- ÖPNV: Bus 333, Haltestelle Traben-Trarbach Enkircher Straße

Berauschend schön

21 Der Wasserfall in Bernkastel-Kues

Glückliches Bernkastel-Kues, Touristen aus aller Herren Länder lieben das kleine Städtchen, das sie mit allerlei Sehenswürdigkeiten verwöhnt. Für Weinfreunde ist die Mosel-Vinothek ein reiner Segen, Kenner schätzen die berühmte Cusanus-Bibliothek. Es hat einen urigen Marktplatz, von pittoreskem Fachwerk umstellt, und obendrein noch eine hübsche Burg. Dass man ganz in der Nähe auch noch einen bezaubernden Wasserfall besichtigen kann, hat sich allerdings noch längst nicht herumgesprochen. Dabei ist das kleine Naturschauspiel sogar ohne Anstrengungen zu erreichen. Man muss nur wissen, wo es überhaupt liegt.

Es versteckt sich etwa 2 Kilometer von der Moselbrücke entfernt unterhalb der Auffahrtsstraße, die zum Parkplatz der Burgruine Landshut führt. Dort balanciert, gleich rechts auf einem Felssporn, die winzige Maria-Hilf-Kapelle. Im Volksmund hieß dieser Fels von jeher „det Hinkel". Allerdings wurde der Artikel im Laufe der Jahre verschluckt, sodass man heute vom Tinkeler Heiligenhäuschen spricht. Und ein paar Schritte davon entfernt, weist ein Schild zum Wasserfall, zu dem es bergab durch den Wald geht. Natürlich sind es nicht die Niagarafälle, aber im Gegensatz zu diesen ist der Wasserfall von Bernkastel-Kues auch so gut wie unberührt. Schon von Weitem hört man das Rauschen. Doch dann steht man plötzlich staunend auf dem Grund dieser wildromantischen Schlucht und fragt sich, wie die Natur so etwas Wundervolles bloß hinbekommen hat: Aus 4 Metern Höhe stürzt sich der Tiefenbach eine Felswand herab und fließt weiter durch einen Wald voller Farne. An den vielen Stufen im Felsen ist deutlich zu erkennen, wie sich das Wasser im Laufe der Jahrtausende Millimeter für Millimeter eine Schneise in das Schiefergestein gegraben hat.

Der Wasserfall ist ein echter Hingucker, nein, ein Kleinod, das übrigens noch nicht an dieser Stelle endet. Einige Hundert Meter weiter bildet der quirlige Bach einen weiteren kaskadenartigen Wasserfall. Was ist das doch schön hier!

- Wasserfall Bernkastel, an der B50, Höhe Auffahrtstraße zum Parkplatz der Burg Landshut, 54470 Bernkastel-Kues
- ÖPNV: Bus 333, Haltestelle Bernkastel-Kues Tourist-Info

Wo sich die Balken biegen

22 Die Altstadt von Ediger-Eller

Etwa in der Mitte von Cochem und Zell liegt Ediger, in einer Region, die wie gemacht ist für das glückliche Leben. In Sichtweite steigt der steilste Weinberg Europas empor. Die Reben wachsen hier im Feuerberg, im Hasensprung oder im Osterlämmchen. Herrlich, diese Namen! „Knusper, knusper, knäuschen – wer knuspert an meinem Häuschen?" Dieser Gedanke kommt einem an nahezu jeder Ecke in den Sinn, denn es wimmelt in dem Dörfchen von herausgeputzten Fachwerkhäusern, die so wirken, als hätte sie ein Zuckerbäcker gebaut. Seit Jahren wird hier saniert, renoviert und umgestaltet, alles ist vom Feinsten: Wie eine Eins steht das „Holle Häisje" aus dem 16. Jahrhundert am Fluss, dessen Balken sich so anmutig biegen. Man staunt über das höchste Fachwerkhaus der Region und die rund 500 Jahre alte Schule. Hier die Höfe der Grafen von Pyrmont, dort die Höfe des Klosters Stuben. Kaum umgedreht, grüßt schon das nächste Herrschaftsanwesen.

Es ist ein moselländisches Bilderbuch, durch das Besucher hier spazieren. Kein anderer Ort im Tal glänzt mit so viel Giebelfachwerk, Adelssitzen und Klosterhöfen auf so engem Raum. Und über den Köpfen glitzert das herausgeputzte Aushängeschild der Gemeinde: Die Ediger sind stolz auf ihren Kirchturm, den die Fachwelt als den reichst verzierten seiner Art in ganz Europa feiert.

TIPP

Holen Sie sich in der Tourist-Info die Broschüre „Rundgang durch die Stadtmauern von Alt-Ediger".

Mindestens ebenso einzigartig ist die urige Atmosphäre auf den Plätzen und Wirtshausterrassen. Denn Ediger ist kein Museumsdorf, ganz und gar nicht. Während man anderenorts die Flucht der Menschen aus der Provinz beklagt, sind hier erstaunlich viele junge Familien und Zugezogene zu Hause. Das Erfolgsgeheimnis liegt im ausgeprägten Wir-Gefühl der umtriebigen Gemeinde: Gemeinsam haben sie das fabelhafte Kunststück vollbracht, barocken Mief aus den Gassen zu kehren und dennoch ihr historisches Erbe zu bewahren. Das bezaubernde Örtchen muss man gesehen haben, am besten zu zweit. Ediger ist der perfekte Ort für eine romantische Reise.

- Tourist-Information Calmont-Region, Pelzerstraße 1, 56814 Ediger-Eller, Tel. (0 26 75) 13 44, www.ediger-eller.de
- ÖPNV: Bus 711, Haltestelle Ediger-Eller Kapellenstraße

Rätselhafte Schönheit

23 Die Matthiaskapelle in Kobern-Gondorf

Man muss nicht gläubig sein, um die Matthiaskapelle über Kobern als einen inspirierenden Ort zu empfinden. Wer sie betritt, lässt einfach die Ausstattung des gut 800 Jahre alten Gotteshauses auf sich wirken. Dieses spätromanische Juwel hat ein ganz besonderes, nahezu mystisches Flair – mit seinen schwarzen Säulen, den Fenstern mit Kleeblattbogenarkaden und dem Licht, das durch den 14 Meter hohen Turm einfällt. Im Laufe der Jahrhunderte immer wieder erneuert und restauriert, leuchtet der Innenraum in kräftigen Farben. Da ist der bunte Mosaikboden, in dem manche ein Zahlengeheimnis vermuten. Und überall Verzierungen vom Feinsten. Beim achtsamen Betrachten fällt auf, dass einige Kapitelle eigenartige Fratzen zeigen. Sollten sie die sakrale Stimmung konterkarieren? Eine solch ungewöhnliche und zugleich rätselhafte Architektur ist weit mehr als nur ein Stein auf dem anderen: Die Schönheit dieses kleinen Bauwerks ist purer Genuss.

Man sagt, die Kapelle sei damals als Aufbewahrungsort für eine kostbare Reliquie errichtet worden. Ein Ritter Heinrich I. von Kobern habe das Haupt des Apostels Matthias vom Kreuzzug nach Damiette um 1221 an die Mosel gebracht. Vielleicht hat der Bauherr die Matthiaskapelle nach dem Vorbild der Grabeskirche in Jerusalem errichten lassen. Bewiesen ist das allerdings nicht.

Die Reliquie blieb nur etwa 130 Jahre in Kobern, dann gelangte sie über etliche Stationen in die Benediktinerabtei St. Matthias in Trier. Und so wäre die Kapelle nach dem Tod des Eremiten, der sie jahrelang bewachte, vermutlich zur Ruine verfallen. Hätte die Pfarrgemeinde sie nicht 1819 an den preußischen Staat verkauft und hätte sich Friedrich Wilhelm IV. bei einem Besuch an der Mosel nicht ihrer angenommen. Er beauftragte den Koblenzer Architekten Johann Claudius von Lassaulx, das Gesamtkunstwerk zu restaurieren. Zum Glück! Hier wirkt bis heute eine Magie, der sich kaum jemand entziehen kann.

TIPP

Von der Kapelle führt ein schöner Wanderpfad bergabwärts zur Ruine der Niederburg.

- Matthiaskapelle, Oberburg, Mühlental 35, 56330 Kobern-Gondorf
www.koberngondorf/matthiaskapelle
- ÖPNV: Bahnhof Kobern-Gondorf

Grüner wird's nicht!

24 Das Dortebachtal bei Klotten

Wie Alice im Wunderland fühlt sich, wer durch die Bahnunterführung in der Nähe von Klotten läuft. Allerdings zeigt hier kein weißes Kaninchen, wo es langgehen soll, sondern ein geschnitzter Wegweiser aus Holz. Wer mit dem Auto unterwegs ist und ihn am Straßenrand entdeckt, sollte unbedingt auf den Wanderparkplatz rechts ranfahren. Denn nur ein paar Meter von der Bundesstraße entfernt, findet man sich in einer Wildnis wieder. Es wäre wirklich schade, dieses einzigartige Tal, das schon seit rund 100 Jahren unter Naturschutz steht, zu verpassen.
Rechts und links steigen schroffe Schieferwände auf, über den Köpfen bilden Blätter einen zweiten Himmel. Ein steiler Pfad führt durch dieses enge Tal immer tiefer hinein ins Grüne. Vorbei an Bäumen über Brückchen und Treppen, entlang an einem trödelnden Bach.

TIPP

Im Winter bildet ein Wasserfall am Ende des Tals eine imposante Eiswand.

Vor Geröllhaufen trifft man oft auf geduldige Fotografen. Stundenlang stehen sie mucksmäuschenstill hinter ihren Stativen herum und hoffen, dass sich ihnen eine Smaragdeidechse zeigt. In dem Kleinklima des Dortebachtals tummelt sich eine ganze Reihe seltener Tiere und bemerkenswerter Pflanzen. Sie stammen ursprünglich aus den Mittelmeerländern und dem Atlantischen Ozean, vom Schwarzen Meer und aus den Alpen. Ein weiterer exotischer Bewohner ist der weiße Diptam. Der Volksmund nennt die Pflanze „Brennender Busch", weil sie sich bei hohen Temperaturen selbst entzünden kann. Mit ein bisschen Glück schweben Segelfalter und Schwalbenschwänze vorbei. Und Kenner sind aus dem Häuschen, wenn sie eine Rotflügelige Ödlandschrecke entdecken. Aber vor allem flattert hier der hübsche Apollofalter herum, der Liebling der Schmetterlingskundler. Er ist in Deutschland fast nur noch an der Mosel zwischen Winningen und Cochem anzutreffen. Und auch dort fliegt er nur bei Windstille, ab etwa 25 Grad. Der Apollo mag es warm und sonnig. Wenn es regnet oder zu kalt ist, hebt die Diva erst gar nicht ab. Wer sich nicht wenigstens ein bisschen freut, wenn er diesen Schmetterling sieht, dem ist vermutlich auch sonst nicht mehr zu helfen.

● Naturschutzgebiet Dortebachtal, Einstieg durch die Bahnunterführung am Wanderparkplatz an der B49, 56818 Klotten
● ÖPNV: Bahnhof Klotten

Geist in Flaschen

25 Die Schnapsbrennerei Vallendar in Kail

Die guten Geiste wohnen in Kail, in dem kubistischen Glasgebäude gegenüber der Kirche. Das Herzstück ist der Brennraum mit glänzendem Edelstahl, wo man dabei zuschauen kann, wie sich Obst zu fruchtigen Geisten, sprich Edelbrand, verflüssigt. Man fühlt sich ein bisschen zurückversetzt in die Küchen der mittelalterlichen Alchemisten, die zwischen dampfenden Kesseln mit Flüssigkeiten hantierten.

Hubertus Vallendar ist ein zeitgenössischer Alchemist. Natürlich hat auch er nicht den Stein der Weisen gefunden, doch seine Schnäpse gelten als Superstars, die die Juroren der World Spirit Awards, einem der wichtigsten Wettbewerbe der Branche, immer wieder mit Auszeichnungen vergolden. Der Moselaner ist einer der besten Edelbrenner im Land. Einer mit Weltruf. Deshalb ist seine Brennerei über der Mosel zum Sehnsuchtsort für Schnapsenthusiasten geworden, wo man einkaufen und sich vom Meister persönlich in die Brennkunst einweisen lassen kann.

Tatsächlich haftet dem Brennen noch heute ein Hauch von Mystik an. Denn es braucht den richtigen Riecher und viel Fingerspitzengefühl, um den Geist der Maische in Flaschen einzufangen. Dabei ist kein Baum, kein Strauch, kein Kraut sicher vor Hubertus Vallendar. Ob nun Himbeeren, Mirabellen, Lavendel oder Limonen: Es scheint nichts zu geben, was er nicht durch die Destille jagt. Sogar Ingwer, Bananen und Spargel.

Die Alchemisten destillierten Wein zu *aqua ardens,* zu brennendem Wasser. Aber ein guter Geist brennt nicht, er ist weich am Gaumen. So hat sich der Haselnussgeist aus dem Hause Vallendar sogar zum Renner bei den Eigentlich-Nicht-Schnapstrinkern gemausert. Kein Wunder, erinnert er doch an flüssiges Nutella. Und der Zwetschgenbrand schmeckt, wie eine Zwetschge riecht. Darin steckt die konzentrierte Aromakraft, rein aus der Natur. Sonst nichts. Jeder einzelne Schluck ist Geschmackskino auf der Zunge. Solche Liebhaberschnäpse muss man nippen statt kippen. Das kleine Glück liegt im Genuss.

- Brennerei Hubertus Vallendar, Hauptstraße 11, 56829 Kail, Tel. (0 26 72) 91 35 52 www.vallendar.de
- ÖPNV: Bus 712, Haltestelle Kail

26 Der Graf-Georg-Johannes-Weg in Veldenz

Es waren einmal die Grafen von Veldenz. Mehr als 100 Dörfer und Städte zählten zu ihrem Reich, das sich vom Hunsrück bis in die Vogesen erstreckte. Ihr Schloss gehörte zu den größten Anlagen zwischen Koblenz und Trier und mit dem Veldenzer Taler gab es sogar eine eigene Währung. Eines Tages, genauer gesagt im Jahr 1562, nahm sich ein Spross des Grafengeschlechts die Tochter von König Gustav I. von Schweden zur Frau. Die Vermählung mit der Prinzessin machte ihn so bekannt, dass die Nachwelt einen Rundwanderweg nach ihm benannte.

Aber was für einen. Mit gutem Grund hat der Deutsche Wanderverband den Graf-Georg-Johannes-Weg mit dem Spitzenwert von 80 Erlebnispunkten ausgezeichnet. Wer ihn beschreitet, begibt sich nicht nur auf Tuchfühlung mit der ellenlangen Geschichte der einstigen Grafschaft. Der 14 Kilometer lange Pfad führt auch in Ecken, die optisch beflügeln. Da ist zum Beispiel der Aussichtspunkt Rittersturz, ein Felsvorsprung, gekennzeichnet mit einem Kreuz, wo sich der Sage nach der Teufel mit einem Ritter hinabgestürzt haben soll. Da ist die Heidenmauer, ein Steinwall, von den Kelten um 400 vor Christus errichtet. Und dann ist da noch die Josephinenhöhe, benannt nach der ersten Frau Napoleons, wo sogar ein Weinschrank zur Selbstbedienung steht.

TIPP

Schloss Veldenz kann mittwochs um 15 Uhr bei einer Führung besichtigt werden (www.schloss veldenz.com).

Nur ein paar Gehminuten davon entfernt kann man sich einen besonders schönen Überblick über die Wirkungsstätte der Grafen verschaffen. Verwunschen. Anders kann man dieses Tal einfach nicht beschreiben. Hügel reiht sich hier an Hügel, Himmelblau an Grün an Ocker. Oben reckt sich das Schloss Veldenz aus dem Wald und unten im Schatten liegt der Ortsteil Veldenzer Hammer, der aus gerade mal vier Häusern besteht.

Könnte die Sonne beim Untergehen ein Selfie machen, würde sie es wahrscheinlich an diesem Aussichtspunkt tun. Ein Tipp für die Faulen: Man muss ihn nicht unbedingt erlaufen. Denn er liegt glücklicherweise direkt an der Straße, die von Veldenz hinauf nach Gornshausen führt.

- Graf-Georg-Johannes-Weg, Startpunkt am Münzbrunnen in der Ortsmitte, 54472 Veldenz, www.veldenz-mosel.de
- ÖPNV: Bus 332-2, Haltestelle Veldenz Ort

Adel verpflichtet

27 Das Hotel Schloss Lieser in Lieser

Adel verpflichtet. Die Redewendung hat fast jeder schon gehört. Und obwohl den Monarchen das Regieren längst abhandengekommen ist, faszinieren die Geschichten rund um Prinzessinnen und Königshäuser noch immer. Wer in diese schillernde Welt eintauchen will, findet im Schloss Lieser sein Glück. Ein echtes Historismus-Schätzchen, das mit elegantem Interieur aus der Wilhelminischen Epoche Glamour versprüht.

Übersehen kann man die Nobelherberge an der Moselfront nicht. Jeder Motorradfahrer hält an und jeder Spaziergänger bleibt stehen, um die pompöse Fassade genauer zu betrachten. Vor dem vornehmen Herrenhaus eröffnet sich ein kleiner Park, die Gäste des Hauses schreiten über einen roten Teppich die Treppe zum Eingangsportal hinauf. Promis im Anflug? Kein Problem, denn vor der Tür wurde ein Hubschrauberlandeplatz angelegt.

Früher gingen hier der Hochadel und Kaiser Wilhelm II. ein und aus. Denn der Schlossherr war sein Landwirtschaftsminister Clemens Freiherr von Schorlemer-Lieser. Der preußische Politiker hatte 1880 Maria Puricelli geheiratet, die einzige Tochter des Industriellen und Bauherrn des Anwesens, Eduard Puricelli. Sie erbte das Schloss mitsamt Millionenvermögen.

Fast ein Jahrhundert residierte die einflussreiche Familie am Fluss. Anfang der 1980er-Jahre ging das Gebäude über in den Besitz der Gemeinde Lieser, dann stand es lange leer. Dass aus dem in die Jahre gekommenen Herrschaftshaus wieder ein Märchenschloss wurde, ist dem niederländischen Unternehmer Piet Killaars zu verdanken. Denn er kaufte die Begehrlichkeit, um sie mit Liebe zum Detail in ein Luxushotel mit vornehmen Zimmern und luxuriösen Suiten zu verwandeln. Und im hauseigenen Restaurant Puricelli verwöhnt der Küchenchef seine Gäste zum Beispiel mit regionalen Wildgerichten oder Tahiti-Vanille-Kürbispüree. In diesem Ambiente würde sich auch Wilhelm Zwo sofort wieder wie auf Besuch bei seinem Minister fühlen.

- Hotel Schloss Lieser, Moselstraße 33, 54470 Lieser, Tel. (0 65 31) 98 69 90
www.schlosslieser.de
- ÖPNV: Bus 301, Haltestelle Lieser Bahnhof

Nie mehr Mahlzeit

28 Das Tal der 13 Mühlen in Kattenes

Zugegeben, die Aufforderung, eine der steilsten Straßen in ganz Rheinland-Pfalz hochzustapfen, klingt zunächst nicht nach dem Inbegriff von Glück. Satte 24 Prozent Steigung – das ist tatsächlich ein Wort. Andererseits kommt es natürlich immer darauf an, was einen dort überhaupt erwartet. Denn es gibt Orte, die sind die Mühe wert. Weil sie so ungewöhnlich und so romantisch sein können wie im Märchen. Eben wie die Mühltalstraße, die sich im Hinterland von Kattenes versteckt. Sie führt hinauf nach Moselürsch im Maifeld. Wer heute hier wohnt, braucht Organisationstalent und Puste, denn weder Müllwagen noch Möbeltransporter bewältigen den Weg bis vor die Haustür.

Für die Menschen, die früher hier wirkten, war das Gefälle jedoch ideal, denn damals ist hier das Wasser von einem Rad auf das andere gelaufen. Die hübschen Bruchsteinbauten, die man entlang der abenteuerlich steilen Straße sieht, waren einmal allesamt Mühlen. Sie wurden im 18. bis zum frühen 20. Jahrhundert gebaut, um den Handwerkern das Leben leichter zu machen. Auf einer Strecke von gerade mal 240 Metern mahlten 13 Müller Ölfrüchte oder Getreide. Die Kraft des Mühlbaches diente wahrscheinlich auch für die Produktion von Lohrinden für die Gerbereien und Gips.

Noch bis in die Nachkriegsepoche hinein blieben die ehemaligen Technikwunder unverzichtbare Kraftmaschinen für die Menschen, bis Industriemühlen die historischen Kleinode nach und nach verdrängten. Es hätte also durchaus schlecht ausgehen können für die hübschen Gebäude. Heute klappert natürlich längst nichts mehr am rauschenden Bach, doch die meisten der historischen Mühlen haben neue Besitzer und Besitzerinnen gefunden, die die Schmuckstücke sanieren und fit machen für die nächsten Jahrzehnte. Mit Herzblut haben die Bewohner einen Ort geschaffen, der erstaunt, sobald man ihn entdeckt. Das Katteneser Mühltal ist wie eine winzige Welt in einer anderen Zeit.

- Mühltalstraße, 56332 Löf-Kattenes
- ÖPNV: Bahnhof Kattenes

Mein Freund, der Baum

29 Die dicke Eiche in Altrich

Es macht schon ein bisschen still, einem solchen Methusalem gegenüberzustehen. Diese Eiche wirkt so geheimnisvoll und so erhaben. Könnte sie aus ihrem langen Leben erzählen, dann würden ihre Geschichten wohl ganze Bibliotheken füllen. Denn als sie jung war, hatten an der Mosel tatsächlich noch die Erzbischöfe das Sagen. Sie überdauerte die Französische Revolution und trotzte dem „Jahr ohne Sommer". Und viele Burgen, die wir heute als Ruine sehen, wachten vermutlich noch in voller Pracht auf den Hügeln.

Das Alter des lebendigen Wahrzeichens von Altrich wird mal auf mindestens 300, mal sogar auf 600 Jahre geschätzt. Doch ganz genau kann das kein Mensch mehr sagen. Seit Generationen führt der Sonntagsspaziergang der Altricher zu diesem etwa 20 Meter hohen Baum auf einem Feld vor ihrem Dorf. Mit seinem 6,50 Meter dicken Stamm gehört er zu den mächtigsten Bäumen in der Region, 80 Meter misst der Umfang der Krone. Und dank einer Rettungsaktion in den 1970er-Jahren wächst die stolze Eiche immer noch munter weiter. Damals wurde der faulende Stamm ausgehöhlt und dann mit Eisenstangen gesichert. Das Ergebnis kann man heute ganz in Ruhe betrachten, denn zu Füßen des Riesen haben Menschen der kleinen Gemeinde eine Sitzgruppe angelegt. Diese Fürsorge der Altricher Bürger macht die dicke Eiche zu einem ganz besonderen Naturdenkmal.

Solch ehrwürdige Bäume haben seit jeher eine zentrale Bedeutung in unserer Kultur. Als Symbol für Langlebigkeit, für Weisheit oder für Mut. Schon die Germanen haben ihnen Heilkräfte zugeschrieben. Und heute sind tatsächlich viele davon überzeugt, dass einen Baum zu umarmen beruhigt und auch ein bisschen glücklicher machen kann. Ob nun Esoterik-Humbug oder nicht, es mal auszuprobieren, kann doch nicht schaden. Wem das allerdings zu seltsam erscheint, der nimmt einfach Platz auf einer der Bänke und genießt die Stille. Es ist ganz normal, ein bisschen Ehrfurcht dabei zu spüren.

● Dicke Eiche, Verlängerung der Straße Schneidkaul, 54518 Altrich
www.altrich.de
● ÖPNV: Bus 304, 212, Haltestelle Altrich Dorfmitte

Rin in die Kartoffeln

30 Das Hofgut Portz in Bekond

Wo gibt es nostalgisch abgepacktes Mehl, nette Worte und krumme Gurken mit Heimatgefühl? Im Schlossgut Bekond. Das hübsche Landschloss gehörte früher den Reichsgrafen von Kesselstadt, war deren Sommerresidenz. Das Haupthaus kann man allerdings links liegen lassen. Die eigentliche Begehrlichkeit wartet rechts vom Eingangsportal. Es ist der kleine Hofladen, der Glücksmomente verschafft.

Hier verkauft die Familie Portz Weine und Säfte, frische Kräuter, Gemüse und Obst. Vieles davon aus eigener Ernte. Der Großvater von Gerhard Portz hatte das Schloss 1932 gekauft. Heute bewohnt der Landwirt mit seiner Frau Asa Möllerstedt-Portz und den Kindern das ehemalige Gesindehaus und bestellt die Felder. Dort wachsen mehr als ein Dutzend verschiedene Kartoffelsorten, in den Gewächshäusern gedeihen Tomaten aller Couleur. Liebhaber alter Sorten können sich sogar über Urmöhren freuen.

Für diese Vielfalt stehen die Kunden gerne mal Schlange – an der Quelle schmeckt es eben am besten. Was die eigenen Felder nicht hergeben, wird von Kollegen aus der Nähe zugekauft, denn regionale Spezialitäten sind Trumpf. Kunden schätzen die kurzen Wege und dass alles ohne Plastikverpackung, appetitlich präsentiert, in den Kisten liegt. Leuchtend rot setzen sich die Rippen des Mangolds in Szene, pralle Salatköpfe überzeugen mit knackigem Grün. Und trotz Trubel ist auch immer Zeit für ein Schwätzchen.

Der Laden hat etwas Uriges, wie es kein Supermarkt zu leisten vermag. Es ist ein bisschen so wie früher bei Tante Emma. Noah Portz schneidet für neugierige Kunden gerne eine Ringelbeete auf, um zu zeigen, dass sie innen tatsächlich so aussieht wie sie heißt. Man erfährt, dass sich die Sorte Blauer Schwede wunderbar eignet für einen lilafarbenen Kartoffelsalat. Und Noahs Mutter Asa erklärt, während sie Kräuter in ein Tütchen packt, dass Gourmetköche die tolle Knolle „La Ratte" mit ihrem sanften Mandelaroma lieben. Solche Lebensmittel machen nicht nur satt, sondern streicheln auch die Seele. Nichts wie hin.

● Hofgut Portz, Schloss Bekond, Schloss-Straße 1, 54340 Bekond, Tel. (0 65 02) 22 98
● ÖPNV: Bus 212, Haltestelle Bekond Ortsmitte

Calvin Klein

In vollen Zügen

31 In der Moselweinbahn

Für die älteren Menschen, die an der Mosel groß geworden sind, ist das Saufbähnchen ein Stück Heimat gewesen. Eigentlich hieß sie ja Moseltalbahn, die Kleinbahn, die ab 1905 zwischen Trier und Bullay verkehrte. Mit einer Höchstgeschwindigkeit von Tempo 40 und 38 Haltestellen dauerte die Fahrt gemütliche 3,75 Stunden. Die Bahn transportierte Güter, brachte Einheimische zur Arbeit und natürlich Touristen zu Festen.
Im Salonwagen wurden Weine und Schnäpse gereicht – ein Angebot, das die Passagiere oft und gerne nutzten. Wundert sich nun immer noch jemand über den Namen? Doch in den 1960er-Jahren wurde diese liebenswerte, aber auch teure Lebensader des Tals nach und nach stillgelegt. Ende Januar 1968 fuhr der Zug noch einmal in den Trierer Hauptbahnhof ein – Saufbähnchens letzte Fahrt.

TIPP Eisenbahninteressierte können die Strecke auch auf dem beschilderten Kanonenbahnweg erwandern.

Die gute Nachricht: Es gibt noch heute eine Bahn, die glücklich macht. Denn auch die Moselweinbahn bummelt an der Moselkrümmung entlang – nur der Weinausschank ist Geschichte. Am Umweltbahnhof Bullay beginnt die Fahrt. Die Türen fallen zu, mit einem Ruck setzt sich der Zug in Bewegung. Sitzt man, wird die Fahrt schnell zum 3-D-Kino der anderen Art. Denn die Reise führt über die legendäre Kanonenbahnstrecke, die einst die Hauptstadt Berlin mit Metz verband. Wer auf der 13 Kilometer langen Tour nach links aus dem Fenster schaut, bekommt deshalb Superlative historischer Eisenbahnarchitektur zu sehen: zunächst die Bullayer Doppelstockbrücke, hierzulande die erste ihrer Art. Seit 1878 verkehren auf der unteren Etage erst die Fuhrwerke und heute Autos, während auf der zweiten Etage die Eisenbahn rollt. Dann durchquert die Bahn den Prinzenkopftunnel und rattert schließlich bei Pünderich fast 800 Meter über Deutschlands längstes Hangviadukt. Eingezwängt zwischen Felsen und Fluss wurden unter Kaiser Wilhelm I. diese 92 imposanten Gewölbebögen gebaut. Nach 18 Minuten endet in Traben-Trarbach die Reise. Wer so richtig in Fahrt ist, rollt halt gleich nochmal in der Gegenrichtung an den Sehenswürdigkeiten vorbei.

- Moselweinbahn, verkehrt im Stundentakt zwischen Bullay und Traben-Trarbach
www.moselwein-bahn.de
- ÖPNV: Umweltbahnhof Bullay

Zeigt her eure Füße

32 Die Wassertretanlage in Siebenborn

Plitsch, platsch, plitsch, platsch … In speziellen Momenten klingt dieses Geräusch wie Musik in den Ohren. Fleißige Fußgänger hören es besonders gern. Nach längeren Touren ziehen sie ihre Schuhe und Socken aus und erfrischen sich in einem der Wassertretbecken – denn davon gibt es einige an der Mosel.

Eine besonders schön gelegene Anlage ist die Siebenborner. Am Geländer entlang staksen Männer, Frauen und auch Kinder im Storchengang mit Blick auf die Weinberge durchs Becken. Ganz im Sinne von Sebastian Kneipp, der das Wassertreten vor über 150 Jahren erfunden hatte. Der „Wasserdoktor", wie ihn seine Zeitgenossen nannten, war Pfarrer und sozusagen einer der ersten Wellness-Päpste. Weil er sich als junger Mann selbst mit kalten Bädern in der Donau von einer Krankheit heilen konnte, entwickelte er aus seinen Erkenntnissen heraus ein ganzheitliches Gesundheitskonzept, wozu auch Barfußlaufen und der Einsatz von Heilkräutern gehören. Inzwischen hat die deutsche UNESCO-Kommission das Kneippen sogar in das Verzeichnis des immateriellen Kulturerbes aufgenommen.

Wer einmal Wasser getreten hat, will gar nicht mehr damit aufhören, weil es so schön prickelt. Ein erfrischendes Erlebnis für einen wachen Geist, ruckzuck werden müde Wanderfüße wieder fit. Allerdings will Wassertreten gelernt sein, damit es glücklich macht: Bei jedem Schritt werden die Füße mit der Spitze nach unten aus dem Wasser gehoben und langsam wieder eingetaucht.

Aber es ist nicht allein diese Anlage, die Siebenborn zu einem Glücksort macht. Ganz Siebenborn, dieser winzige Ortsteil der Gemeinde Maring-Noviand, bietet Besuchern eine kleine Flucht in die Erholung. Man kann in dieser grünen Oase mit Pferdekoppel, der Klostermühle und den Weinbergen einfach sehr gut entspannen. Das Plätschern des Wassers bringt einen schnell runter vom Alltagsstress. Beste Voraussetzungen, um an der Mosel die Ruhe weg zu haben.

● Wassertretanlage, 54484 Maring-Noviand, am Eingang zum Ortsteil Siebenborn
● ÖPNV: Bus 301, Haltestelle Maring

HIER
Wassertreter

Wo der Charme wohnt

33 Die Alte Mühle Höreth in Kobern-Gondorf

Es gibt Orte an der Mosel, die fast zu schön sind, um wahr zu sein. Die alte Burgmühle gibt es aber wirklich. Sie liegt in einem abgelegenen Seitental bei Kobern-Gondorf, scheinbar vergessen. Dicke Äste ranken um das Gemäuer, steile Weinberge reichen bis dicht an das Anwesen heran. Jeder, der zufällig vorbeikommt, bleibt stehen und staunt. Man wähnt sich in einer Traumwelt aus Schiefergestein. Verwunschen und verzaubert. Doch das Vogelgezwitscher kommt keineswegs, wie vielleicht vermutet, vom Band. Und der Oleander wird regelmäßig gegossen. Denn hinter dem schmiedeeisernen Torbogen herrscht modernes, fröhliches Leben. Alles ist zwar uralt – und dennoch ganz neu und anders. Natürlich gibt es in der Mühle längst elektrisches Licht, natürlich fließt warmes Wasser aus den Hähnen. Und das ist dem Mut und der Leidenschaft von Thomas Höreth und seiner Frau Gudrun zu verdanken. Dem Paar war es eine Herzenssache, diese Mühle in unsere Zeit zu retten. Fast 1000 Jahre hat die alte Mühle schon auf dem Buckel. Als sich Thomas Höreth damals in das Anwesen verliebte, waren die Gebäude kaum mehr als Ruinen. Doch der Winzer hatte eine Vision, an die er ganz fest glaubte. Nach und nach setzte er die Mühle wieder zusammen.

Mit einer Straußwirtschaft fing der gebürtige Franke vor fast 40 Jahren an. Heute betreiben die Höreths ein Weingut, ein Hotel – und ein Restaurant für anspruchsvolle Gäste. Gehoben, aber nicht abgehoben. Jede der elf Stuben, jeder Winkel versprüht einen märchenhaften Charme. Mit Kerzenlicht, steinernen Figuren, handgeschriebenen Speisekarten und vor allem ganz viel Herzblut haben die Höreths ein Gesamtkunstwerk geschaffen. Vom begrünten Innenhof ganz zu schweigen. Es heißt, dass früher Wallfahrer einkehrten, wenn sie zur Kapelle des Heiligen Matthias pilgerten. Heute ist aus der alten Burgmühle eine der ersten Adressen für Romantiker geworden.

● Alte Mühle Thomas Höreth, Mühlental 17, 56330 Kobern-Gondorf, Tel. (0 26 07) 64 74, www.thomashoereth.de
● ÖPNV: Bahnhof Kobern-Gondorf

Alte Mühle
mas Höreth
eöffnet: Mo-Fr 17-24
Sa.So.Feiert 12-24

Luftige Hängepartie

34 Die Geierlay in Mörsdorf

Bloß nicht nach unten schauen? Dieser Rat gilt wirklich nur für Menschen mit Höhenangst, immerhin schwebt die Hängeseilbrücke fast 100 Meter über dem Boden. Alle anderen werden diese Aussicht über die Baumwipfel und den Mörsdorfer Bach genießen. Für Schwindelfreie gibt es ohnehin prinzipiell gar keinen Grund, sich zu fürchten. Denn dieses Meisterwerk der Ingenieurskunst wurde von Schweizer Spezialisten über das Seitental der Mosel gebaut: Sanft schwingt sich die Geierlay von einem Brückenkopf zum anderen und steckt, wenn es darauf ankommt, sogar Windstärken bis zu 200 Stundenkilometer weg.

Vor allem aber steht fest: Schon mehrere Hunderttausend begeisterter Männer, Frauen und Kinder haben das imposante Bauwerk beschritten. Seit dem Tag der Eröffnung entwickelte sich die Hunsrücker Hängeseilbrücke ruckzuck zum neuen Touristenmagnet und galt zudem mit ihren 360 Metern sogar noch deutschlandweit als die allerlängste. Inzwischen wurde die Geierlay zwar von der Konkurrenz im Harz übertrumpft, doch das macht nichts. Jetzt ist sie halt die schönste – auch das ist ein Superlativ. Zu Recht wurde dieses Bild von einer Brücke zum Lieblingsmotiv vieler Fotografen aus aller Welt.

Natürlich kostet es die meisten zunächst etwas Überwindung, über die Holzplanken zu stapfen, denn es läuft sich keineswegs wie auf Beton: Unter den Füßen wackelt es ein wenig. Aber genau deshalb kommt ja auch beim Überqueren der Brücke Abenteuer-Atmosphäre auf. Der Adrenalinkick ist gewiss. Zwar ist das Schwanken sicherlich nicht jedermanns Sache, dennoch kehren nur die wenigsten Möchtegern-Passanten nach den ersten Metern wieder unverrichteter Dinge um. Die Schritte der Tapferen werden mit jedem zurückgelegten Meter fester. Sie laufen bis zum anderen Brückenende nach Sosberg und kehren mit einem breiten Grinsen im Gesicht zurück. Also Augen auf und durch – oder besser: hinüber! Dieser Steg in luftiger Höhe ist ein fantastisches Erlebnis.

- Besucherzentrum Geierlay, Kastellauner Straße 23, 56290 Mörsdorf
www.geierlay.de
- ÖPNV: Bus 742, Haltestelle Mörsdorf Treiser Straße

Schwimmen mit Mehr-Blick

35 Das Panoramabad in Leiwen

Der Name hält wirklich, was er verspricht. Das Panoramabad Römische Weinstraße ist genau das: ein Schwimmbad mit einem fantastischen Panorama. Zwischen Leiwen und Trittenheim auf der Zummethöhe gelegen, bietet es eine großartige Fernsicht über das Tal und eine der bekanntesten aller Moselschleifen. Wer allerdings in Ruhe Bahnen ziehen will, kommt am besten früh am Morgen. Denn wenn die Sonne vom strahlend blauen Himmel lacht, lachen an Spitzentagen unzählige Wasserratten mit ihr um die Wette. Dann tummeln sich Einheimische und Touristen gleichermaßen auf dem großen Gelände.

Zwar ist der Besuch allein schon wegen der Aussicht jedem nur zu empfehlen. Aber das mit allen Spaß-Schikanen ausgestattete Freibad kann natürlich noch mehr. Die von Eichen und Ahornbäumen umgebene Liegewiese verspricht Erholung beim Lesen, Ameisenbeobachten und Gras von eingecremten Armen abschütteln. Wer es komfortabler mag, wendet sich an die nette Mitarbeiterin vom Liegestuhlverleih oder setzt sich ins Café mit großer Aussichtsterrasse. Im wohl schönsten Freibad an der Mosel isst das Auge natürlich mit.

Die Kleinsten planschen unter einem schützenden Sonnensegel. Wettschwimmen, Wasserball spielen, mit lautem Getöse vom Turm ins Wasser springen – all das ist in den Becken möglich. Doch den größten Spaß, das finden die meisten, bringt die immerhin 76 Meter lange Riesenrutsche. Von einem kräftigen Wasserstrudel angetrieben saust man in der offenen Röhre durch einige Kurven, sodass man ein ordentliches Tempo erreicht.

Und das geht so: Eine Wendeltreppe führt zum Startpunkt hinauf. Dort bringt man sich zunächst in die richtige Position. Flach hinlegen, Beine überkreuzen, anspannen, Po anheben – und dann blitzschnell hinunterzischen. Dauert gerade mal 20 Sekunden. Ja, oft sind es eben die kleinen Freuden des Lebens, die an der Mosel großes Glück verheißen.

● Panoramabad Römische Weinstraße, Tannenweg 18, 54340 Leiwen
www.schweich.de
● ÖPNV: Bus 333, Haltestelle Leiwen Zummet

I-Ah zur Entspannung

36 Die Farm auf dem Veldenzer Bergfrieden

Von Eseln lernen heißt, Gelassenheit zu lernen. Wer die flauschigen Langohren trifft und an ihrer Seite durchs Grüne spaziert, der weiß, wie sich echte Tiefenentspannung anfühlt. Spüren können Tierliebhaber das auf dem Veldenzer Bergfrieden, wo Michaela und Theo Scholl eine unkonventionelle Farm betreiben. Eine Art Bullerbü für große und kleine Menschen, wo Ziegen auf wackeligen Steinen turnen und eine Herde Mérenspferde munter über weite Felder galoppiert. Hier versammeln sich Katzen und Kaninchen, ein Stall voll Hühner und eine Herde ungarische Steppenrinder. Man bekommt sogar die seltenen Zackelschafe zu sehen, diese scheuen Wollknäuel mit den Korkenzieher-Hörnern. Michaela und Theo hätten vermutlich kein Problem damit, eine Arche Noah mit sämtlichen Tierarten zu füllen. Dennoch hat jedes einzelne davon einen Namen, denn für die beiden sind sie Gefährten. Wie schön es doch ist, so im Einklang mit der Natur zu leben. Ein paar Stunden auf diesem Hof sind wie ein Rendezvous mit der Lebensfreude.

Für viele Besucher sind allerdings die Eselchen die Hauptdarsteller des Hofs, weil die grauen Vierbeiner so gutmütig und menschenbezogen sind. Und das Beste daran? Bei einem Besuch darf man mit den Seelentieren auf Tuchfühlung gehen. Wer durch das hölzerne Gatter tritt, kann erleben, wie die freundlichen Wesen neugierig auf ihn zukommen und sich sanft an ihn schmiegen. Ein langsames Annähern, ein vorsichtiges Stupsen. Die treuen Knopfaugen schauen einen lieb an, die drehbaren Riesenlauscher wackeln. Da hüpft das Herz. Das sind diese Augenblicke, in denen einfach alles stimmt, in solchen Momenten möchte man am liebsten die „Pause"-Taste drücken. Die smarten Esel sind Weltmeister darin, Entspannung und Ruhe zu vermitteln. Wer möchte, darf während einer Wanderung, geführt von Erlebnispädagogin Michaela, die Welt mit Eselsaugen entdecken. Einfach telefonisch einen Termin vereinbaren, hinfahren und platzen vor Glück.

- Veldenzer Bergfrieden, 54472 Veldenz, Tel. (01 76) 64 13 84 66
- ÖPNV: Bus 332-2, Haltestelle Veldenz Ort

1000 Jahre Geschichte

37 Die Alte St. Michaelskirche in Alken

Es ist eine der ungewöhnlichsten Sehenswürdigkeiten im ganzen Tal – und zugleich eine der schönsten. Ein seltener Schatz versteckt sich in den verwinkelten Gässchen des Dörfchens Alken. Gemeint ist die fast 1000 Jahre alte ehemalige Pfarrkirche St. Michael auf dem Hügel. Was Besucher dort erwartet? Ein Ort, der vermutlich jedem im Gedächtnis bleibt. Überraschend ist das nur für Leute, die bislang noch nicht da gewesen sind. Denn wer über den von Bäumen überdachten lauschigen Treppenaufgang hinauf zur Kirche stapft, der wird die spezielle Ausstrahlungskraft des kleinen Gotteshauses spüren.

Über Jahrhunderte hinweg liefen Männer und Frauen über diese Stufen an den 14 Kreuzwegstationen vorbei, um Trost und einen Platz für innere Einkehr zu finden. Wunderbar ist auch das Innere der Kirche mit ihren Statuen und kunstvollen Altären. Aufwendig restaurierte Malereien aus dem 15. Jahrhundert schmücken die Wände, an der Decke des Chores ist ein noch gut erhaltenes Freskengemälde von 1350 zu sehen. Vor allem birgt diese Kirche ein Gebeinhaus, die es hierzulande nur noch an wenigen Orten gibt. In Oppenheim zum Beispiel, dem größten seiner Art. Oder in den bayerischen Orten Greding und Cham. Und eben unter der altehrwürdigen St. Michaelskirche in Alken. Ein echter Geheimtipp, immerhin wissen selbst viele Einheimische bislang nichts von dieser Rarität. Von der Kirche hat man einen wunderbaren Blick auf das ganze Dorf und das benachbarte Schloss der Wiltberger, ab 1350 gebaut. Und wer möchte, steigt in das 300 Jahre alte Gewölbe der Wiltbergischen Weinkellerei unter der Straße, wo der Wein nach wie vor in Eichenholzfässern reift.

Dieser Platz atmet 1000 Jahre Geschichte. Wer sich öffnet, wird gefangen sein von der Atmosphäre.

TIPP

Die Kirche ist an Sonn- und Feiertagen ab Ostern bis Ende Oktober von 14 bis 17 Uhr geöffnet.

- Alte St. Michaelskirche, Von-Wiltberg-Straße 18, 56332 Alken, Tel. (0 26 05) 83 60 www.alken.de
- ÖPNV: Bus 301, Haltestelle Alken Kirchstraße

Augen auf und durch

38 Die Reichsburg in Cochem

Hochgegiebelte Fachwerkhäuser, der Marktplatz und viele urige Weinlokale: So sieht Cochem aus. Schon die Maler der Romantik waren schockverliebt und brachten als Influencer ihrer Zeit mit Gemälden den Moseltourismus ins Rollen. Die bergigen Gassen können ganz schön überlaufen sein. Doch hinfahren sollte man unbedingt, denn noch immer ist das Städtchen maximal pittoresk. Das ahnt man gleich, wenn mit dem Auto um die Kurve biegt und die Reichsburg am Firmament erscheint. Schon von außen ein echtes Märchengemäuer. Und erst das reiche Innenleben! Burgenfans werden so verwöhnt mit üppigem Interieur, dass sie entzückende Details übersehen. Aufmerksame Betrachter entdecken im romanischen Zimmer die Geheimtür, hinter der sich eine Bibliothek verbirgt. Und wer mit Adleraugen die verzierte Decke im Damensalon inspiziert, wird die Wappen berühmter Adelsgeschlechter wie der „von Eltz" identifizieren können. Kenner wissen um den Wert des Bechstein-Flügels im Rittersaal. Aber manches Objekt entpuppt sich erst bei näherer Betrachtung als Schatz. Wie das Bleiglasfenster im Treppenhaus, das die Heiligen Drei Könige zeigt. Dabei handelt es sich um Porzellanmalerei, die im 17. Jahrhundert in Süddeutschland verbreitet war.

Also Augen auf und durch! Am Wochenende kann man sogar schlemmen wie die Rittersleute. Wie es damals üblich war, isst man die „Speys" mit der Hand. Aber es fliegen keine Knochen und die Hände am Gewand des Sitznachbarn abzuwischen, gehört sich nicht. Auch im Mittelalter pfiff man nicht auf gute Sitten.

Dass man sich heute in dem tadellos erhaltenen Gemäuer amüsieren kann, ist dem Berliner Louis Ravené zu verdanken. Mit diesem Wissen wird klar, dass die Initialen „LR" auf den Türklinken der Burg nicht „Links – Rechts" bedeuten. Vor rund 150 Jahren hatte der Eisenhändler die Ruine gekauft, um sie im Stil der Burgenromantik wieder aufbauen zu lassen. Seither werden Reisende von diesem Traum aus Türmchen, Erkern und Zinnen hoch über der Stadt begrüßt. Man würde am liebsten zu Pinsel und Farbe greifen.

- Reichsburg Cochem, Schlossstraße 36, 56812 Cochem, Tel. (0 26 71) 25 5
www.reichsburg-cochem.de
- ÖPNV: Bahnhof Cochem

Wer hat's erfunden?

39 Die Bernkasteler Schweiz

Natürlich sucht man Gletscher oder Seilbahnen vergebens in der Bernkasteler Schweiz, schließlich zählt die höchste Erhebung gerade mal 420 Meter. Ihrem Namen macht die Gegend dennoch alle Ehre: Steil fallen die Hänge rechts und links bis an die Landstraße hinab. Bergkuppen drängen sich dicht aneinander, die höchsten Spitzen ragen kahl in den Himmel hinein. Ein Tal, eine Schlucht, romantische Brückchen. Was die Bergwelt unseres benachbarten Alpenlandes prägt, gibt es in dieser Gegend an der Mosel im Klitzekleinen.

Schon seit Jahrhunderten werden rund um den Globus besonders attraktive Landschaften mit dem Zusatz „Schweiz" geadelt. Allein in Deutschland hat die Marketingorganisation Schweiz Tourismus 105 solcher Gebiete und Regionen gezählt. Die berühmtesten davon sind bestimmt die Fränkische, die Sächsische und die Holsteinische Schweiz. Die Bernkasteler Schweiz gehört zu den bislang noch unbekannten, kleinen Verwandten.

Wer sie erlaufen möchte, was man jedem nur ans Herz legen kann, dem sei der Einstieg an der Bundesstraße 50 in Richtung Longkamp empfohlen. Etwa drei Kilometer von der Bernkasteler Altstadt entfernt, weist dort ein Schild gegenüber dem Zeltplatz Bärenhalde in den Wald. Der steile Serpentinenpfad führt zu Panoramaplätzen und historischen Örtchen. Da ist zum Beispiel der Felsen Bresgensruh, benannt nach einem ehemaligen Bernkasteler Amtsgerichtsrat, mit einer Fernsicht über die Wipfel. Tief unten schlängelt sich die Straße wie eine Asphaltzunge durch die Landschaft. Und in der Ferne lugt die Ruine der Burg Landshut über die Bäume hinweg, als würde sie Ausschau halten. Auf einem Schieferzacken glitzert das Goldene Kreuz. Man erzählt, ein Handwerker aus Bernkastel habe es einst als Einlösung eines in Notzeit gemachten Versprechens geschreinert und dort oben aufgestellt. Sein anstrengender Aufstieg hat sich gelohnt – und er lohnt sich für uns noch immer: Bei diesen Traumblicken sind Glücksgefühle garantiert.

- Bernkasteler Schweiz, Einstieg Höhe Bärenhalde, an der B50 Richtung Longkamp, 54470 Bernkastel-Kues
- ÖPNV: Bus 333, Haltestelle Bernkastel-Kues Tourist-Info

Für Sehleute

40 Die Brücke in Zeltingen-Rachtig

Endlich Ruhe. Endlich mal nichts zu tun haben, keine Pflichten, um ganz nach Belieben Löcher in die Luft zu gucken. Doch was so einfach klingt, kostet viele tatsächlich Überwindung. Dabei sind solche Auszeiten Balsam für die Seele. Müßiggang soll sogar dabei helfen, sich selbst zu begegnen, wissen Philosophen. Die schwedische Schriftstellerin Astrid Lindgren sah das genauso: „Und dann muss man ja auch noch die Zeit haben, einfach dazusitzen und vor sich hin zu schauen." Nichtstun macht kreativ. Grund genug, sich die Zeit dafür zu nehmen.

Es gibt an der Mosel einige Plätze, die sich bestens dazu eignen. Man kann sich zum Beispiel auf eine Bank in den Weinbergen setzen und in die Sonne blinzeln. Doch eines der schönsten Dinge, die man zum Entspannen tun kann, ist nach Schiffen zu gucken. Auch an wolkigen Tagen, denn Schiffe kommen immer. Schnittige Sportyachten pflügen durchs Wasser, Hotelschiffe schippern gemütlich am Ufer vorbei, dicht gefolgt von Ruderbootverbänden, und jährlich weit über 10.000 Frachter. Immerhin ist die Mosel eine internationale Wasserstraße, die auf 392 Kilometern Länge den französischen Ort Neuves-Maisons und Koblenz miteinander verbindet. Und ebenso wie die Ausflugsdampfer auf die Mosel gehören, kommen auch viele „Sehleute" immer wieder. Manche setzen sich mit einem Klappstuhl ans Ufer, um nichts zu verpassen. Stammgäste wissen genau, wo man die Plätze mit der besten Sicht findet: Die Zeltinger Brücke vor der Schleuse gehört natürlich dazu. Dort lehnen sie sich ans gelbe Geländer und machen – nichts. Einfach abwarten und gucken. Früher oder später sehen sie dann ein Wassergefährt langsam unter sich vorbeiziehen. Sie winken, einige Passagiere winken gutgelaunt zurück. Ruckzuck ist das Schiff auch schon wieder verschwunden. Die Leute lehnen sich wieder ans Geländer, atmen den Sauerstoff aus der Luft und machen – genau: nichts.

TIPP

Im Herbst locken vormittags die Nebelschwaden viele Fotografen auf die Brücke.

● Zeltinger Brücke, 54492 Zeltingen-Rachtig
● ÖPNV: Bus 300, 333, Haltestelle Zeltingen-Rachtig Brücke

Wo die Steinreichen leben

41

Der Kulturweg Mesenicher Steinreichskäpp

Heimat kann man hören – besonders wenn ein waschechter Moselaner loslegt und in sein „Moddersproch" spricht. Wat kann et Schieneres gewe als en Musselaner ze sein? Hochdeutsch: Was kann es Schöneres geben als ein Moselaner zu sein? Viele Moselfranken lieben ihren Dialekt, vermittelt er doch das Gefühl von Zugehörigkeit. Nahezu jede Ortschaft schwätzt ihr eigenes Platt. Als wäre die Mundart für Außenstehende nicht schon Herausforderung genug, bekommen die Bewohner der Dörfer von den Nachbargemeinden oft noch einen rätselhaften Spottnamen verpasst.

Die Mesenicher werden beispielsweise seit jeher als „Steinreichskäpp" bezeichnet. Nicht, weil es in dem Dörfchen eine außerordentlich hohe Millionärsdichte gäbe. Damit gemeint sind wirklich Steine. Denn die Mesenicher haben sie früher in ihren Weingärten aufgelesen und zu beachtlich großen Haufen, sogenannten „Steinräuschen", zusammengetragen. Da es weit und breit keine andere so steinreiche Gemeinde gab, hatten sie den Spottnamen weg.

Das moselfränkische „Käpp" bedeutet Köpfe – und tatsächlich wurden in den vergangenen Jahren eine Reihe von Mesenicher Bürger und Bürgerinnen von dem Künstler Turgut Gül „in Stein gemeißelt" und am Kulturweg Mesenicher Steinreichskäpp in die Weinberge gesetzt. Dort sieht man nun die Häupter von Schlichda-Hugo alias Hugo Arens, dem Initiator des Projekts, ebenso Winzer, Ehepaare oder den letzten Pfarrer der Gemeinde. Ein besonderer Blickfang ist der circa 2,5 Meter hohe Steinreichskopp, der über die Mosel guckt. Ein festes Drahtgestell, mit in der Sonne glitzernden Steinen gefüllt.

Unterwegs kann man auf Infotafeln auch allerhand über die Landschaft, das Dorf und seine Menschen lesen. Wer möchte, wiegt sein Gewicht mit Steinen auf oder misst seine Kräfte im Steineheben. Auch ein Glücksrad steht dort. Wenn man es dreht, verrät es eine Lebensweisheit, die man sich mitnehmen kann. Ach was, mitholen, natürlich. Denn auf Moselfränkisch „nimmt" man nicht, man „holt".

TIPP

Im benachbarten Senheim haben Künstler eine weitere Open-Air-Ausstellung von Skulpturen angelegt, www.senheim.de/kunst.

● Kulturweg Mesenicher Steinreichskäpp, 56820 Mesenich
www.mesenich.de

● ÖPNV: Bus 716, Haltestelle Mesenich Am Bühl

Blumig und sehr persönlich

42 Die Villa Provence in Kobern-Gondorf

Knapp 2 Kilometer von Kobern-Gondorf entfernt gibt es ein Schonprogramm für die Ohren. Es gibt nichts, das die Stille trübt. Saftiggrüne Felder mit Gänseblümchen, ein paar Häuser, weites Land. Es riecht nach frisch gemähtem Gras. Wie bestellt traben ein paar Rehe in aller Seelenruhe am Waldrand entlang und füllen dieses Bühnenbild mit Leben. Die Sölliger Höfe liegen zwar sicher nicht am Ende der Welt, aber man kann es von hier aus schon sehen.

Zumindest fühlt es sich so an, wenn man über dieses abgelegene Bergplateau spaziert. Selten kommt jemand rein zufällig vorbei. Nur Eingeweihte wissen von der verwunschenen Romantik des kleinen Weilers, wo Monika Moritz ihre Villa Provence betreibt. Ein detailverliebtes Café mit hübschen Gästezimmern und einem Dekorationslädchen, in dem man schöne Dinge fürs Zuhause erstehen kann. Mit einer Stimmung, die heimeliger ist als in jedem Reiseführer beschrieben. Ein Zufluchtsort für gestresste Großstädter, Wandersleute oder Verliebte, an dem man sich grün und blau freuen kann. Denn der Innenhofgarten quillt über vor Margeriten, Vergissmeinnicht und einem Allerlei an Töpfen mit duftendem Kraut. Tischchen und Stühle stehen zwischen rankenden Rosen und von Wildwuchs umschlungenen Bögen. Überall Statuen, Figürchen, Stauden in allen Farben.

Am Wochenende verwöhnt Monika Moritz hier ihre Gäste mit Kaffee und Kuchen. Und auf Bestellung trägt die Gastgeberin ein üppiges Frühstücksbuffet auf: Dann biegt sich der Tisch unter Schinken und Wurst, Käse und Lachs, Müsli und etlichen Töpfchen mit selbst gemachter Marmelade. Das Rührei wird frisch aufgeschlagen für jeden einzelnen Gast. Denn bekanntlich soll man morgens ja essen wie ein Kaiser. Das Ende der Welt ist auch nicht mehr das, was es mal war: Das ist ein echter Landcafétraum. Wer in liebevollen Kleinigkeiten wahre Größe erkennt, findet in der Villa Provence sein Glück.

- Villa Provence, Monika Moritz, Solliger Höfe 18, 56330 Kobern-Gondorf, Tel. (0 26 07) 507, www.villa-provence-kobern.de
- ÖPNV: Bahnhof Kobern-Gondorf

Wie am Schnürchen

43 Die Seilbahn in Koblenz

Das wohl beliebteste Wahrzeichen ihrer Stadt lässt die Koblenzer in die Luft gehen – wortwörtlich. Von der Altstadt surren 18 Gondeln wie am Schnürchen über den Rhein, der sich hier, an der deutschesten aller Ecken, mit der Mosel vereint. Die Seilbahn ist allerdings viel mehr als nur ein Verkehrsmittel, das jährlich rund 700.000 Menschen zur Festung Ehrenbreitstein und wieder zurück ans Konrad-Adenauer-Ufer bringt. Sie ist der Motor für den Tourismus, eine Attraktion, die Postkarten und Wandteller schmückt. Aber vor allem ist sie den Einheimischen eine Herzensangelegenheit.
Ursprünglich für die Bundesgartenschau 2011 gebaut, sollte das beliebte Gefährt eigentlich 4 Jahre später wieder verschwinden. Denn da gab es das Versprechen an die UNESCO, um den Welterbestatus des Oberen Mittelrheintals nicht zu gefährden. Allerdings mochten die Bürger und Bürgerinnen die Bahn inzwischen so sehr, dass sie sich nach der Blumenschau stark machten für ihren Erhalt. Jetzt sind alle heilfroh, dass die Gondeln noch bis 2026 über den Fluss schweben dürfen. Gut 112 Höhenmeter werden dabei überwunden. Und wer das Spezielle im Besonderen sucht, besteigt an der Talstation die Gondel mit der Nummer 17. Denn nur diese Sonderkabine wartet mit einem Glasboden auf. Der Blick hindurch löst wahrlich erhebende Gefühle aus: Das Kaiser-Wilhelm-Denkmal liegt den Fahrgästen buchstäblich zu Füßen. Über eine Strecke von 890 Metern schwebt die Seilbahn nahezu geräuschlos über den Rhein. In der Luft ist es sehr still. Vorausgesetzt, andere Fahrgäste schwärmen nicht aufgeregt über all das, was sie um sich herum entdecken. Die Panoramafenster offenbaren einen schönen Blick bis ins Moseltal hinein, am Horizont erkennt man die Vulkankegel der Eifel. Der einzige Nachteil ist die kurze Fahrzeit – sie beträgt gerade mal knapp 4 Minuten. Aber zum Glück gibt's ja noch die Talfahrt. Schon so manchen hat angeblich das Seilbahnfieber erfasst.

● Talstation Seilbahn, Konrad-Adenauer-Ufer, 56068 Koblenz, Tel. (02 61) 20 16 58 50, www.seilbahn-koblenz.de
● ÖPNV: Bus 1, Haltestelle Koblenz Deutsches Eck

Koblenz verwandelt
Ein Blick zum Rhein,
steig ein

Himmlischer Garten

44 Der Kreuzgang am Trierer Dom

Trier ist berühmt für seine Kathedrale. Kein Wunder, denn nur an wenigen Orten bekommt man rund 1700 Jahre Geschichte zu sehen. Ursprünglich im vierten Jahrhundert als Teil einer römischen Kirchenanlage errichtet, haben alle nachfolgenden Generationen ihre Spuren hinterlassen. Das Innere von Deutschlands ältester Bischofskirche ist bemerkenswert: mit der barocken Gewölbedecke des Westchors, der Schwalbennestorgel oder den Altären. Rund 1,3 Millionen Menschen kommen jährlich, um die Baukunst der UNESCO-Welterbestätte zu bestaunen. Doch erst mit dem Öffnen der Glastür, ganz vorne im rechten Seitenschiff neben den flackernden Kerzen, wird der Dombesuch wirklich komplett. Geht man durch die schwere Holztür hinter der Glastür, fällt der Blick auf einen kleinen paradiesischen Kosmos für sich. Da war man gerade noch im Gewusel der großen Kirche und steht plötzlich auf einem friedlichen Platz: Dieser Kreuzgang wurde um die Mitte des 13. Jahrhunderts von französischen Steinmetzen errichtet. Ein Ort von kontemplativer Stille, mit atmosphärischen Lichtspielen an den honiggelben Wänden.
Im Gegensatz zu vielen anderen Kreuzgängen ist dieser nicht in sich geschlossen. Er hat mehrere Zugänge und viele Einheimische und Gäste kommen gerne hierher, um die verschwenderische Ruhe zu genießen. Irgendjemand sitzt eigentlich immer in den Brüstungen der offenen Kreuzgangfenster. Denn von hier aus hat man einen schönen Blick auf den Dom und die elegante Liebfrauenkirche. Ein Genuss für die Sinne. Und auch für die Seele. Im kleinen Innenhofgarten unterhalten sich Besucher leise. Andere schlendern schweigend durchs Grüne, wo auch einige Trierer Domherren ihre letzten Ruhestätten gefunden haben. Bei Gedanken-Spaziergängen kann man aufatmen und sich selbst dabei ein Stück mehr entdecken. Es ist ein Garten, der zum Innehalten auffordert. Ungewöhnliches kann an solchen Orten geschehen. Das ist immerhin in der Bibel schon so gewesen.

● Kreuzgang am Trierer Dom St. Petrus, Liebfrauenstraße 12, 54290 Trier
www.dominformation.de
● ÖPNV: Bahnhof Trier

Tarzan lässt grüßen

45 Der Kletterwald in Traben-Trarbach

Gerade wieder vergessen, warum das Leben noch mal schön ist? Dann nichts wie rein in den Wald und rauf auf den Baum. Etwas Mut und stabile Schuhe reichen, um wie damals das berauschende Gefühl zu erleben, kraxelnd die Krone zu erreichen. Tatsächlich hat sich das Kindervergnügen inzwischen zum Abenteuer (auch) für Erwachsene entwickelt. Wie Tarzan schwingen sie sich lässig von Wipfel zu Wipfel, sie kämpfen tapfer wie Indiana Jones auf schaukelnden Hängebrücken mit dem Gleichgewicht oder springen in ein Netz, um gelenkig wie Spiderman wieder nach oben zu krabbeln. Wer sich bislang nicht traute, das Geturne auszuprobieren, hat im Mosel Adventure Forest in Traben-Trarbach Gelegenheit dazu. Auf den Ruinen der Festung Mont Royal strecken sich alte Douglasien gen Himmel. Hier führen 14 Parcours mit mehr als 200 Kletterelementen durch den Wald. Bevor es losgeht, werden die Kletterer natürlich mit Gurten und Schutzhelmen ausgerüstet. Erfahrene Betreuer erklären haarklein, was zu tun ist und stehen helfend zur Seite. Denn Sicherheit hat immer oberste Priorität. Zum Glück muss man keine Sportskanone sein, um hier über sich hinauszuwachsen: Vom Kinderparcours in 1,50 Meter Höhe, der sich auch für Einsteiger eignet, bis zum „Ironman"-Parcours, der sogar Profis an ihre Grenzen bringt, ist für jeden etwas dabei. Geradezu spektakulär ist der sogenannte „Canopy-Trail", der erste seiner Art in Europa. Dabei fliegen Wagemutige auf Seilrutschen über eine Strecke von insgesamt 1200 Metern durch den Wald. Entgegen der Floskel ist der Weg dabei keineswegs das Ziel. Der Weg ist der Weg. Da muss man durch und da kommt man auch durch. Es ist ein bisschen wie damals, als man mit Kribbeln im Bauch zum ersten Mal im Schwimmbad auf dem Dreier stand. Ein Schritt, und schon zischt man an den Bäumen vorbei. Am Ende fühlt man sich tatsächlich ein bisschen wie die Helden aus den Filmen.

TIPP

Nicht-Kletterer können auf der Terrasse bei Kaffee und Kuchen eine schöne Zeit verbringen.

● Mosel Adventure Forest, Mont Royal, 56841 Traben-Trarbach, Tel. (0 6541) 81 77 72
www.adventureforest.de
● ÖPNV: Bahnhof Traben-Trarbach

Richtig süß

46 Das Café Klapperburg in Beilstein

Ein paar versteckte Stufen geht es in der Bachstraße am Haus mit der Nummer 33 hinauf. Ein Café? Hier? Tatsächlich, die Vitrine im Gastraum quillt nahezu über von Torten und Kuchen. Das Café Klapperburg ist in Beilstein zwar eine Institution. Als Neuling muss man schon etwas suchen, um diese Gastronomieperle zu entdecken.

In einem historischen Burghaus des Grafen von Metternich betreibt die sympathische Konditorin Elke Götz ihr originelles Lokal mit kleiner Frühstückspension. Der charmante Familienbetrieb lädt längst nicht mehr nur zum Kaffeekränzchen mit Rhabarber-Baiser oder butterweicher Riesling-Sahne-Torte ein. Sondern auch zu einer nostalgischen Reise in die Welt der Kaffeemühlen. Sage und schreibe weit über 500 Exemplare aus drei Jahrhunderten hängen und stehen im Café. Von 1724 stammt die älteste Mühle, die winzigste findet in einer Puppenstube Platz. Diese beachtliche Sammlung hat schon die Mutter der Chefin, Gertrud Ostermann, zusammengetragen. Und sie wächst immer noch weiter. Gäste aus dem In- und Ausland bringen immer wieder neue alte Mühlen mit an die Mosel. Hier schlummern kleine Schätze aus Holz, aus Gusseisen, Keramik, Porzellan oder Messing. Es scheint, als hätte das schwarze Gold die Kreativität der Menschen rund um den Erdball damals gekitzelt. Denn die inzwischen vom Aussterben bedrohten Haushaltsgegenstände wurden einst in allen nur denkbaren Varianten hergestellt. So kommen manche eher schlicht daher, andere sind mit hübschen Bildmotiven versehen. Allen gemein ist, dass man bei deren Anblick fast riecht, wie die Bohnen beim Mahlen ihr unverwechselbares Aroma verbreiten. Es überrascht nicht, dass dieses Café Kultstatus genießt. Einst sang ein freundlicher, kugelrunder Bär, man solle es doch mal mit Gemütlichkeit probieren. In diesem urigen Ambiente zwischen Hunderten von Kaffeemühlen fällt das sehr leicht.

TIPP

Sehenswert ist auch das benachbarte Bistro der Familie Götz, die „Alte Bäckerei", wo Antiquitäten auf modernes Interieur treffen.

- Café Klapperburg, Bachstraße 33, 56814 Beilstein, Tel. (0 26 73) 14 17
www.klapperburg.de
- ÖPNV: Bus 716, Haltestelle Beilstein

KAKAO
KAFFEE
JACOBS
BREMER
MOCCA

Dufte Ernte

47 Der Razejunge-Wingert in Lehmen

Einfach mal die Augen schließen – und ganz tief den betörenden Duft durch die Nase einsaugen. Und schon kurbelt das Aroma das Kopfkino an: Sommer, Sonne, Ferien. Neugierige Passanten bleiben stehen und staunen, wenn sie den violettblausamtenen Teppich in der Landschaft entdecken. An der Mosel wirkt Lavendel exotisch.
Dahinter steckt ein Experiment der „Lehmer Razejunge" – sie haben in der Lehmener Würzlay Tausende der Nasenschmeichler in die Erde gesetzt. „Razejungen", das waren früher die Jungs, die den Mist zum Düngen in die Weinberge trugen. Die „Raz" war ihre Kiepe. Bislang ging es bei dem sympathischen Verein um die Rebe und das Bewahren der traditionellen Anbaumethoden an der Terrassenmosel. Doch was soll aus den Weinbergen werden, wenn dort keine Traube mehr wächst? Die Menschen an der Mosel lieben ihre Heimat, aber die Arbeit in den Steillagen ist noch nie einfach gewesen. Jedes Jahr geben Weinbauern aus wirtschaftlichen Gründen auf oder weil sie keinen Nachfolger finden. Zurück bleiben jetzt schon mancherorts verwilderte Brachen. Dabei sind doch die Weinberge das Aushängeschild der Region.
Nun zeigen die Razejungen clevere Alternativen: Statt Reben haben sie den Lavendel angepflanzt, um aus der duftenden Ernte zum Beispiel Öle und Gewürze zu gewinnen. Doch das ist längst nicht alles. Über 160 verschiedene Pflanzenarten wachsen auf den 14 Terrassen des Razejunge-Wingerts. Auch einen Weinbergpfad für Kinder hat der Verein angelegt und darin originelle Holzrahmen aufgestellt: Durch diese „Schaufenster der Natur" sieht die Landschaft aus wie kunstvoll gemalt – und doch ist alles echt! Nicht nur menschliche Besucher geraten ins Schwärmen: Hundertschaften von Bienen, pummeligen Hummeln und Schmetterlingen umtanzen die Blüten. Eine Augenweide. Und wer eine Lavendelblüte zwischen den Fingern verreibt und daran schnuppert, hat das Glück des Sommers noch Stunden später in der Nase.

TIPP

Die Sitzgruppe unter einer Rebenpergola mitten im Wingert eignet sich wunderbar für eine Rast.

● Razejunge-Wingert, am Radweg Lehmen-Kattenes, 56332 Lehmen
www.lehmer-razejunge.de
● ÖPNV: Bahnhof Lehmen

Das ist der Gipfel

48 Frühstück auf dem Calmont

Zweifelsohne weitet nichts die Sicht auf die Dinge mehr als ein Blick aus der Höhe. Für Menschen, die morgens etwas früher in die Gänge kommen, ist manchmal allerdings noch ein extra Sahnehäubchen drin. Und zwar indem sie sich zum Gipfelkreuz auf dem Bremmer Calmont begeben, wenn sich der Fluss noch unter geheimnisvollen Nebelschwaden versteckt, aber alles schon Verheißung atmet. Dann lüftet er allmählich den Schleier und gibt diese wie mit dem Zirkel gezogene Flussschleife preis. Das ist die Mosel, wie von einer Postkarte kopiert. In Jahrmillionen langer Arbeit hat sie diese fast 360-Grad-Haarnadelkurve in den Schiefer gegraben. So viel ungetrübte Schönheit hat man natürlich selten – meistens eben sehr früh – für sich allein. Zumal die Faulen diesen 280 Meter hohen Berg auch ganz bequem mit dem Auto „erfahren" können. Vom Wanderparkplatz sind es nur wenige Gehminuten bis zu diesem Glücksplatz am Gipfelkreuz. Wer gerne mit Fremden ins Gespräch kommt, findet dazu spätestens ab mittags reichlich Gelegenheit. Irgendein Kölner oder Holländer freut sich gewiss, wenn man ihm die Fernsicht über den Bremmer Bogen etwas genauer erklärt.

TIPP
Auf Bestellung wird am Wochenende ein Frühstück unter dem Motto „Genuss mit Weitblick" angeboten.

Das Calmont-Plateau hat allerdings noch mehr im Programm: An einer Hütte können die vom Panorama ohnehin schon Berauschten sogar Riesling von den steilen Weinbergen ringsum probieren. Einen solchen Service findet man an kaum einem anderen Aussichtspunkt: Von Ostern bis Oktober wartet die Winzerfamilie Franzen an den Wochenenden und Feiertagen auf durstige und hungrige Gäste. Mit Kaffee und Wein, aber auch mit Kuchen, kleinen Snacks und mit Federweißem im Herbst. Genügend Sitzgelegenheiten gibt es natürlich auch. Morgens werden dort oben, über dem Fluss und bisweilen eben auch über den Wolken, sogar die Tische gedeckt und ein tolles Frühstücksbuffet aufgefahren. Einen schöneren Platz für den Start in den Tag hat das Moseltal kaum zu bieten – so lässt es sich leben.

● Calmont-Gipfel, Anfahrt von Bremm über die L106 Richtung Beuren. Auf der Höhe rechts in Richtung „Röm. Höhenheiligtum" einbiegen
www.calmontfruehstueck.de

Die wilden 70er

49 Das Partyschiff Telegraaf IV. in Schweich

Eines der schönsten Dinge an der Mosel ist ja, dass man die Landschaft aus so vielen verschiedenen Blickwinkeln erleben kann. Zum Beispiel beim Radfahren über den Weg am Ufer entlang. Oder aus der Vogelperspektive von einem Gipfel. Eine der beliebtesten Möglichkeiten ist allerdings von jeher die Entdeckung vom Wasser aus. Immerhin waren schon die Römer mit ihren Handelsschiffen auf der Mosel unterwegs. Natürlich wesentlich bequemer und vor allem ungezwungener werden die Passagiere heute in Ausflugsdampfern über den Fluss getragen, ein internationales Publikum fläzt sich auf den Sonnendecks. Tatsächlich findet man für jede Stimmungslage das richtige Schiff. Für die Partygemeinde liegt in Pölich bei Schweich sogar eine Rarität vor Anker: das ehemalige Postschiff Telegraaf IV. Gerade mal sieben Exemplare vom gleichen Typ sind um 1928 in Holland vom Stapel gelaufen. Bis 1968 verkehrte der schicke Kahn auf der Route Rotterdam/Antwerpen, dann machte ihn der Ausbau von Brücken und Deichen überflüssig. Per Schiene und Straße ging der Postdienst schneller. Noch bis 1993 schipperte die Telegraaf danach als Frachtschiff durch Europa.

TIPP

Öffentliche Partyfahrten werden auf der Homepage bekannt gegeben.

Heute dient sie nur noch dem Vergnügen und lässt sich sogar für private Veranstaltungen buchen. An Bord gibt es alles, was man zum Feiern braucht: eine Bar nebst Speisesalon, ein überdachtes und ein Sonnen-Deck. Bei Winterfahrten, wenn es draußen knackig kalt ist, werden alle Räume mit Kaminöfen gemütlich beheizt. Vor allem aber beherbergt das nostalgische Schiff einen Clubraum mit schillernder Diskokugel und allem Pipapo im Stil der wilden 70er-Jahre. Regelmäßig ruft Kapitän Joachim Zimmer zu öffentlichen Partyfahrten stromaufwärts die römische Weinstraße entlang. Dann tanzen bis zu 200 Männer und Frauen in dieser wunderbaren Vintage-Kulisse in den Mai oder unter dem Motto „90er-Jahre“. Dass Tanzen glücklich macht, das wussten ja auch schon die alten Römer.

● Schifffahrtsbetrieb Joachim Zimmermann, Anleger Moselufer, 54340 Pölich, Tel. (01 72) 7 48 84 88, www.mosel-spass-ticket.de
● ÖPNV: Bus 333, Haltestelle Pölich

chiff
TELEGRAAF IV.

Wein gut, alles gut

50 Der Springiersbacher Hof in Ediger-Eller

Wer an die Mosel denkt, der hat meist Fachwerkhäuser vor Augen. Vielleicht noch alte Mühlen oder die Ritterburgen. Doch nur wenige haben die mittelalterlichen Abteihöfe im Sinn. Dabei prägen diese ehemaligen Außenstellen der Klöster viele Orte am Fluss. Eine besonders hübsche Hinterlassenschaft der Mönche ist der Springiersbacher Hof in Ediger-Eller. Dieses Weingut hatte das Kloster Springiersbach in der Eifel um 1300 als wirtschaftliches Standbein gegründet. Fortan wurde hier der Riesling für die Augustiner Chorherren gemacht. Doch mit Napoleon endete die Herrschaft der Kirche: Seit der Versteigerung 1803 befindet sich das Anwesen in Familienbesitz.

Gabriele und Michael Borchert führen es nunmehr in der siebten Generation und haben die historischen Mauern zu neuem Leben erweckt. Aus dem Barockgebäude, das die Mönche 1752 bauten, wurde ein mediterran anmutendes Gasthaus mit eigener Destille und Gäste-Domizilen für die Sommerfrische. Schon das ganze Drumherum macht glücklich und dann schmeckt es auch noch wie bei Muttern – vielleicht sogar noch ein Stückchen besser. Die liebenswerte Gastgeberin kocht und backt köstliche Spezialitäten aus der Winzerwohlfühlküche. Man möchte sich reinlegen in das cremige Rieslingsüppchen, ganz zu schweigen von der Weinbergpfirsichtorte. Passend dazu keltert Michael Borchert famose Rieslinge, die auf den Schieferböden im nahegelegenen Calmont wachsen. Der Winzer destilliert auch einen Magenbitter wie schon die Klosterbrüder zuvor. Das überlieferte Rezept wird natürlich nicht verraten. Aber es ist kein Geheimnis, dass offenbar schon die Mönche wussten, was wunderbar schmeckt. Ausgeschenkt und serviert wird im kopfsteingepflasterten Hofgarten des Weincafé-Restaurants. Mit einem kleinen Swimmingpool und lauschigen Eckchen zum Sitzen. Hier ist das Leben so dolce, dass man so schnell nicht wieder fortgehen möchte.

- Springiersbacher Hof, Oberbachstraße 30, 56814 Ediger-Eller, Tel. (0 26 75) 15 60 www.ediger-mosel.de
- ÖPNV: Buslinie 711, Haltestelle Ediger-Eller Kirchstraße

Wohlstand für Aale

51

Das Mosellum bei Koblenz

In der Mosel geht es ganz schön bunt zu. Natürlich sind keine Korallenriffe zu erwarten, doch wer abtaucht, kann mit etwas Glück mehr als 30 Fischarten begegnen. Unter der Wasseroberfläche tummeln sich vor allem Rotaugen und Welse. Der Raubfisch Barsch ist dort genauso unterwegs wie sein Verwandter, der Zander. Doch die wohl ungewöhnlichsten aller Flussbewohner sind die Aale, der frühere Brotfisch der Moselfischer. Bis zu 80 Jahre werden sie alt und die meiste Zeit davon verbringen sie auf Reisen. Denn sie vermehren sich nur in der 6000 Kilometer entfernten Sargassosee. Doch um unbeschadet dort anzukommen, sind sie tatsächlich aufs Taxi angewiesen. Klingt nach Angler-Latein? Von wegen. Auf ihrem Weg müssen die Fische nämlich mitten durch die Staustufen der Mosel mit den brenzligen Turbinen der Wasserkraftwerke. Diese Passage schaffen bei weitem nicht alle. Deshalb wurde vom Land und den Wasserkraftwerksbetreibern die Aalschutzinitiative ins Leben gerufen. Nun fischen zehn Berufsfischer geschlechtsreife Aale aus dem Fluss, um sie von Kollegen per Lkw sicher in den Rhein bringen zu lassen. Jenseits des Deutschen Ecks machen sie sich dann auf in Richtung Florida – erst ihr klitzekleiner Nachwuchs kehrt später in die Mosel zurück. Die Welt ist voller Wunder.

Um den Wanderfischen zu helfen, wurde an der Staustufe in Koblenz inzwischen aber auch ein modernisierter Fischpass gebaut. Dadurch schaffen es tatsächlich deutlich mehr Moselfische als zuvor, zu ihren Laichgründen zu gelangen. Und das Erlebniszentrum Mosellum gibt es dort auch. Von der Dachterrasse können Besucher den Fischpass aus der Vogelperspektive sehen und im Untergeschoss, sogar ohne einen Zeh nass zu machen, eintauchen ins Reich der Fische. Wer im richtigen Moment da ist, kann beobachten, wie sich Aale oder Lachse hinter riesigen Scheiben durch den Fischpass schlängeln. Oder man ruht sich einfach ein wenig auf den Sitzstufen aus und genießt die einzigartige Stimmung der Unterwasserwelt. Richtig entspannend wirkt das.

- Mosellum Erlebniswelt, Peter-Altmeier-Ufer 1, 56068 Koblenz, Tel. (02 61) 95 23 40 30, www.mosellum.rlp.de
- ÖPNV: Bus 301, Haltestelle Koblenz Ludwig-Erhard-Straße

Warum schwimmt der Lachs den Fluss hinauf?
WHY DO SALMON MIGRATE UPRIVER?

Schlafen wie Diogenes

52 Camping Rissbach in Traben-Trarbach

Wie fühlt sich Freiheit an? Selbst im schönsten Hotel lässt sich das nicht herausfinden – eher schon beim Camping. Tatsächlich verbringen inzwischen immer mehr Menschen ihre schönste Zeit des Jahres im Outdoor-Urlaub, die Sehnsucht nach Draußensein erlebt einen sagenhaften Boom. Abends den Sonnenuntergang erleben und morgens beim Vogelgezwitscher die Augen aufschlagen. Für eine Weile aussteigen aus dem Wohlstandstrott und sich zurückbesinnen auf eine einfachere Lebensweise – ein traumhafter Platz und die richtige Ausrüstung reichen dabei zum Glück.

Zwar zeigen viele Anlagen an der Mosel die Vorliebe der Gäste für Wohnmobile. Doch auf dem Campingplatz Rissbach sieht es anders aus. Wer möchte, kann dort sogar schlafen wie Diogenes, der griechische Philosoph der Antike. Über den Denker ist nicht allzu viel bekannt, was sich aber einprägte, war seine asketische Lebensweise. Die innere Freiheit bedeutete für ihn tiefes Glück, daher verschmähte Diogenes jede Art von Besitz. Berühmt wurde der bescheidene Exot, weil er angeblich in einem Fass gelebt haben soll.

Nun gehören Weinfässer zur Mosel wie die Korken auf die Flasche. Und tatsächlich stehen auf dem Campingplatz Rissbach riesige Schlaffässer, in denen man es sich bequem machen kann. Je zwei bis vier Personen finden Platz in ihren ökologischen und urgemütlichen Bäuchen mit karierten Vorhängen und kuscheligen Betten. Das XXL-Fass beherbergt sogar eine eigene Toilette mit Waschtisch nebst Kühlschrank und Kaffeemaschine. Vor allem bei Regen ist solch ein Campingfass eine sichere und beruhigende Unterkunft. Die runde Form vermittelt ein Gefühl der Geborgenheit, es duftet herrlich nach Holz. Und obendrein hat jedes Schlaffass noch eine eigene kleine Terrasse. Dann sitzt man da in der Sonne direkt am Ufer und guckt auf die Mosel. So dicht dran kommt kein Hotel. Für den bescheidenen Diogenes wäre diese unkonventionelle Unterkunft der pure Luxus gewesen.

● Campingplatz Rissbach, Rißbacher Straße 155, 56841 Traben-Trarbach, Tel. (0 65 41) 31 11, www.mosel-camping-platz.de
● ÖPNV: Bus 333, Haltestelle Traben-Rißbacherstraße

Strahlende Zeiten

53 Die Sonnenuhr in Wehlen

„Mach es wie die Sonnenuhr, zähl die heiteren Stunden nur." Das Wort ist so geflügelt, wie es eine Plattitüde ist. Doch wenn der herrlich altmodische Kalenderspruch stimmt, müssen die Menschen in Wehlen besonders glücklich sein, denn mehr als 50 Sonnenuhren schmücken Hauswände und Gärten. Der Weinbergbesitzer Jodocus Prüm löste sozusagen einen Boom aus, als er 1842 einen steinernen Zeitmesser mit Metallstab prominent zwischen die Reben am gegenüberliegenden Ufer setzte. Es ist die wohl bekannteste aller Sonnenuhren an der Mosel, von denen manche gar noch aus dem 17. Jahrhundert stammen. Und sie funktionieren alle noch heute. Allerdings zeigen sie uns die WOZ, die sogenannte Wahre Ortszeit an: Wenn die Sonne am höchsten über Wehlen steht, fällt der Zeigerschatten auf die Zwölf.

Doch bekanntlich wurde einst über die ganze Welt eine Uhr gestülpt: Seit Ende des 19. Jahrhunderts herrscht hierzulande an allen Orten unserer Zeitzone offiziell jene Zeit, auf die man sich damals geeinigt hat. Weil aber die Mitteleuropäische Zeit auf den 15. Längengrad östlich von Greenwich definiert ist, ergibt sich hier am siebten Längengrad eine Differenz um 32 Minuten. Das Zentralgestirn kümmert sich nicht um die amtliche Zeit! Deshalb geht die Wehlener Sonnenuhr um rund eine halbe Stunde nach. Und da ist noch etwas, das sie an der Mosel einzigartig macht: die Sieben sucht man vergebens. Das Fehlen dieser Zahl auf ihrem Zifferblatt gab in der Vergangenheit natürlich Anlass für Spekulationen. Sollte der Erbauer sie vergessen haben? Oder befürchtete er, die magische Sieben könne den Wein verderben? In Wahrheit war der Anlass rein pragmatischer Natur: Die Sonnenuhr ist so im Hang platziert, dass sie beinahe jede Stunde anzeigt. Nur jeweils um sieben Uhr morgens und abends wird sie nicht mehr von der Sonne bestrahlt und liegt komplett im Schatten. Also hat man die Zahl gleich weggelassen. Eigentlich eine gute Idee: Wenn die Sonne nicht scheint, fällt die Zeit einfach aus.

TIPP

Eine weitere Besonderheit ist die „Digital"-Sonnenuhr am gegenüberliegenden Ende der Hängebrücke.

- Wehlener Sonnenuhr, im Weinberg über der Hängebrücke, 54470 Bernkastel-Kues, www.wehlen.de
- ÖPNV: Bus 300, 333, Haltestelle Bernkastel-Kues Wehlen Brücke

Gut Schlag!

54 Der Minigolfplatz in Bad Wildstein

Die roten Betonbahnen und 60er-Jahre-Lampen. Klemmbretter mit Bleistift und Notizzetteln aus rauem Papier. Eine freundliche Frau reicht Schläger aus dem Kassenhäuschen. Und zack: Plötzlich rauschen die Jahre vorbei. Es fühlt sich so an, als würde man zurückgebeamt in die eigene Kindheit. Und das ist wohl mindestens einer der Gründe, der jährlich rund 15.000 Menschen auf den Minigolfplatz im Traben-Trarbacher Stadtteil Bad Wildstein treibt. Darunter viele, die ihre Enkelkinder an den Glücksort der eigenen Kindheit mitbringen. Ein Retro-Paradies voller alter Bäume und Blumen, das es ohne den Arzt Walter Spier gar nicht geben würde. Der Mediziner hatte das neue Spiel nämlich in den 50er-Jahren während seines Urlaubs in der Schweiz entdeckt und war so begeistert, dass er dem Gartenarchitekten Paul Bongni die Lizenz abkaufte. Wieder zu Hause an der Mosel angekommen, baute er am Kautenbach Deutschlands allererste Minigolfanlage, die heute dem örtlichen Minigolfclub gehört. Seit der Eröffnung im Juni 1955 haben schon ganze Generationen versucht, den Ball mit möglichst wenigen Schlägen ins Loch zu befördern. Denn von jeher gilt ein in Stein gemeißeltes Regelwerk. Dazu gehört, dass man pro Loch nur maximal sechs Versuche hat. Früher hat eigentlich immer einer der Mitspieler vor Zorn geheult oder sich zumindest fürchterlich aufgeregt. Angeblich hätten ihn die anderen absichtlich abgelenkt oder er bestand darauf, einzelne Hindernisse seien generell nicht zu schaffen. In Wahrheit sind die 18 Bahnen jedoch so konzipiert, dass wirklich jede davon mit einem einzigen Schlag bewältigt werden kann. Ja, auch die fiesen mit dem Zickzack! Wer alles richtig macht, donnert den Ball mit einem Ass ins Runde und zum Schluss über eine Rampe zurück ins Kassenhaus. Dann ist die Freude riesig, die Mitspieler werden ausgelacht und es macht sich dieses herrliche Glücksgefühl breit. Genauso wie damals.

- Minigolf Traben-Trarbach, Wildbadstraße 219, 56841 Traben-Trarbach, Tel. (0 65 41) 69 47, www.mgctratra.de
- ÖPNV: Bus 322, Haltestelle Traben-Trarbach Moseltherme

Um Himmels willen

55 In der Kirche St. Michael in Piesport

In der Pfarrkirche St. Michael leuchtet es in kräftigen Farben, alles jubiliert in dem einschiffigen Raum, reich verziert mit Rokoko-Ornamenten. Da sind Vasen mit Blumen in gemaltem Stuck, Rebstöcke von blühenden Zaunwinden umschlungen, hier und da schimmert es golden, überall schweben Putten und Wolken. Auf einem imposanten Bild hinter dem Altar führt ein Schutzengel ein Menschenkind auf seinem Lebensweg an der Hand, darüber schwebt Maria mit einer Krone geschmückt.

Doch wer das Gotteshaus betritt, richtet den Blick vor allem nach oben zur prächtigen Hauptattraktion der Kirche. Sogar die pausbäckigen Engel scheinen andächtig die drei monumentalen Deckengemälde aus dem Jahr 1778 zu bestaunen. Es ist das Werk des Kirchenmalers Johann Peter Weber aus Trier: der Piesporter Himmel. Über dem Altarraum ist die Himmelfahrt Mariens zu sehen, in der Mitte der Sturz des Satans durch den Erzengel Michael und zum Eingang hin die Missionspredigt des heiligen Franz Xaver. Nun wurden die Kirchenwände vor Jahrhunderten gerne dazu genutzt, um Gläubige, von denen viele weder lesen noch schreiben konnten, mit biblischen Botschaften zu belehren. Doch da ist so einiges, was dort eigentlich nicht hingehört: In einer Szene hat sich der Maler mit einem Selbstporträt verewigt, zusammen mit seiner Frau. Sie hält eine Tafel in der Hand, die verkündet „J.P. Weber invenit et pinxit“, auf Deutsch: hat ersonnen und gemalt, „Paulus Miller Architectus 1778“, der Tiroler Architekt Paulus Miller.

Und der Künstler hinterließ damals noch eine heikle Botschaft, die man durchaus entdecken durfte, aber nicht musste. Weil es wegen der Bezahlung angeblich Unstimmigkeiten mit seinem Auftraggeber, dem Pfarrer Johannes Hau, gab, hat Weber dem Teufel im Gemälde die Gesichtszüge des Gottesmannes gemalt und im Gestein der Hölle die Initialen „JH“ verewigt. Mit diesem Wissen hat man als Betrachter nochmal einen anderen Blick auf diese imposante Farbenpracht. Absolut sehenswert!

TIPP

Unbedingt auf das Bild in der Mitte achten: Vom Eingang aus gesehen, liegt Satan auf dem Rücken. Vom Altar aus betrachtet jedoch auf dem Bauch!

- Kirche St. Michael, St. Michaelstraße 2, 54498 Piesport
- ÖPNV: Bus 304, Haltestelle Piesport Kirche

Köstlichkeit mit Pelz

56 Weinbergpfirsich-Markt in Cochem

Wenn Bienen, Einheimische und Touristen in Scharen Cochem kapern, dann ist das Blütenspektakel in vollem Gang. Mit ihrer rosafarbenen Pracht schmücken die Weinbergpfirsich-Bäumchen die Region. Weil das so schön ist, feiern die Moselaner jedes Jahr im April die knubbelige Frucht. Mit vielen Ständen, an denen man sich durchprobieren kann, und einem Auftritt der Weinbergpfirsich-Fee. Und wenn die Knirpse im September reif sind, fliegen alle nochmal zum Erntemarkt auf dem Endertplatz ein.

Die „rud Peesch", wie die Einheimischen den roten Weinbergpfirsich nennen, ist eine tief mit der Mosel verbundene Frucht. Schon die Römer haben die Pflanzen einst über die Alpen getragen und an den Hängen heimisch gemacht. Als Sonnenliebhaber gefällt es dem empfindlichen Weinbergpfirsich in dem Kleinklima des Tales prima. Bis in die 60er-Jahre erfreuten sich die Moselaner an den eingelegten Früchten. Dann hätte ihn die Flurbereinigung fast ausgerottet – jetzt ist er zum Glück zurück. Angestoßen durch das Land Rheinland-Pfalz stehen wieder Zehntausende der zierlichen Bäumchen zwischen Koblenz und Cochem. Kaum ein Lokal an der Mosel hat den Weinbergpfirsich-Likör nicht auf der Karte. Mit Weinbergpfirsichen wird Kuchen gebacken, Schnaps und Konfitüre gemacht.

Nicht so süß wie ein Pfirsich aus dem Süden schmecken sie. Eher leicht herb, mit einem feinen Säurespiel und intensiven Aroma kommt die kleine Schwester aus dem Weinberg daher. Sie ist pelziger, kleiner, fester, ihr Fruchtfleisch von leuchtendem Purpurrot. Schade nur, dass man die köstlichen Weinbergpfirsiche fernab der Mosel nicht bekommt.

Doch auf dem Markt in Cochem, im Frühjahr und im Herbst, wird die Begehrlichkeit in nahezu jeder Variante geboten. Natürlich hochprozentig veredelt als Brand. Es gibt aber auch Weinbergpfirsich-Likör, -Essig, -Eis oder -Pralinen. Sogar Weinbergpfirsich-Bowle und -Senf sind zu haben. Liebhabern der Rarität verschlägt das Angebot glatt die Sprache. Das Schlaraffenland gibt es also doch.

● Weinbergpfirsich-Blütenmarkt Mitte April, Erntemarkt Mitte September, Endertplatz, 56812 Cochem, www.cochem.de
● ÖPNV: Bahnhof Cochem

Die brauen sich was!

57 Das Kloster Machern in Wehlen

Das, wofür das Moseltal bekannt ist, offenbart sich auf den ersten Blick: In langen Reihen stehen Rebstöcke in den Hängen Spalier. Doch schon mal vom Fingerspitzengefühl der Moselaner beim Brauen gehört? Bier bringt wohl kaum jemand mit der ältesten Weinregion Deutschlands in Verbindung. Doch Hopfen und Malz sind natürlich auch an der weinseligen Mosel nicht verloren: Tatsächlich fließt im Brauhaus Kloster Machern süffiges Hausgemachtes aus dem Hahn. Drei Sorten haben die netten Kellnerinnen und Kellner im Angebot, die Michael Bertholt gleich nebenan in kupfernen Kesseln zaubert: Hell, Dunkel und Weizen. Seit über einem Jahrzehnt betreibt der gebürtige Pfälzer die Klosterbrauerei – ein Braumeister unter lauter Winzerinnen und Winzern.

So kommt in dem ehemaligen Zisterzienserinnenkloster in Wehlen zusammen, was schon immer zusammengehört. Denn die Kunst des Brauens wurde einst vor allem von Nonnen und Mönchen perfektioniert. Zwar verwandelte Jesus Wasser in Wein und nicht in Bier. Doch cleverere Ordensleute hatten den Gerstensaft im frühen Mittelalter als nahrhafte Fastenspeise für sich entdeckt. Flüssiges war ja erlaubt.

Von klösterlichem Hungern kann im Wehlener Brauhaus allerdings keine Rede mehr sein. Auf den Tisch kommen, wie sich das für ein solches Lokal gehört, deftige Grillhaxe, Matjes, Weißwürste und andere Köstlichkeiten aus der rustikalen Küche.

Und gleich noch eine frohe Kunde: Was Bierliebhaber schon immer wussten, haben Neurologen der amerikanischen Uni Indiana inzwischen auch wissenschaftlich belegt. Das beliebte Gemisch aus Hopfen, Wasser und Malz wirkt bei seinen Fans wie Balsam für die Seele. Anders als gedacht, ist jedoch nicht der Alkohol verantwortlich für die gute Laune. Alleine der Geschmack führt im Gehirn zu einer verstärkten Ausschüttung des Botenstoffs Dopamin, der uns zuversichtlicher werden lässt. In Maßen genossen, natürlich, kann Bier also tatsächlich glücklich machen.

- Brauhaus Kloster Machern, An der Zeltinger Brücke, 54470 Bernkastel-Kues
www.brauhaus-kloster-machern.de
- ÖPNV: Bus 300, 333, Haltestelle Zeltingen-Rachtig Brücke

Am Anfang war das Ommm …

58 Im Buddha-Museum in Traben-Trarbach

Gibt es ein Glücksrezept? Nahezu jeder sucht quasi mit der Lupe danach, doch es scheint sich meist gut zu verstecken. Bei so manchem Glücksjäger steht der Buddhismus hoch im Kurs. Da ist die Rede von Erleuchtung und Harmonie, von Achtsamkeit und Einstimmung auf den Moment. Jahrtausendealte Traditionen kommen in den Sinn. Wer genau wissen möchte, was es damit auf sich hat, kann in Traben-Trarbach eintauchen in diese fernöstliche Welt. In einer ehemaligen Jugendstil-Weinkellerei dreht sich alles um den Buddhismus – ob nun als Lehre, Religion oder Philosophie. Rund 2000 Buddha-Figuren aus asiatischen Ländern werden gezeigt, eine einzigartige Sammlung. Von der winzigsten, gerade mal 4 Millimeter großen, Statue der Welt bis hin zum 3,60 Meter hohen Buddha ist alles dabei. Mehrere Tonnen bringen die schwersten unter ihnen auf die Waage. Die Haltung ihrer Hände und Arme spricht eine Sprache, deren Bedeutung ein Begleitheft erklärt.

TIPP

Nicht vergessen, den schönen Dachgarten zu besuchen.

Man muss kein Anhänger des Buddhismus sein, um von diesem stilvollen Museum und den kostbaren Statuen beeindruckt zu sein. Und Buddha strahlt in diversen Darstellungen eine ansteckende Zufriedenheit aus, er wirkt so ausgeglichen, offen und klar. Viele der Figuren scheinen ganz auf ihre Meditation konzentriert, andere liegen heiter-gelassen auf der Seite. Und immer wieder dieses leichte Lächeln, die milde Güte in den vielen freundlichen Gesichtern. Der Rundgang durch die besinnlichen Räume mit den vielen Sitzecken wirkt nahezu meditativ. Weiße Wände, Bambusböden und sanfte Klänge im Hintergrund entspannen beim Betrachten den Verstand, bodentiefe Fenster präsentieren die Mosel. Stundenlang mag man sich in dieser Ausstellung treiben lassen. In diesem behaglichen Haus kann man alles um sich herum und sogar sich selbst vergessen. Und genau darum soll es im Buddhismus ja auch gehen: Das Ich zu überwinden und völlig im Hier und Jetzt zu leben. Eine Weisheit sagt: Lerne loszulassen, das ist der Schlüssel zum Glück.

- Buddha-Museum, Bruno-Möhring-Platz 1, 56841 Traben-Trarbach, Tel. (0 65 41) 8 16 51 80, www.buddha-museum.de
- ÖPNV: Bus 333, Haltestelle Traben-Trarbach Enkircher Straße

Wächter des Lichts

59 Der Leuchtturm in Andel

Leuchttürme sind von jeher für viele Menschen Sehnsuchtsorte. Sie erzählen uns von Fernweh, Seefahrern und fremden Ländern, aber auch vom sicheren Heimkommen in stürmischer See. Nachts senden sie geheimnisvolle Lichtzeichen über den Ozean und weisen Kapitänen zuverlässig den Weg in den Hafen. Seit Jahrhunderten wachen sie über der Küste und es umweht sie auch immer eine Brise Romantik.
Da verwundert es schon, dass Andel, ein Ortsteil von Bernkastel, weit ab von jedem Meer, dennoch mit einem Leuchtturm aufwarten kann. Doch tatsächlich steht am Moselufer bei Flusskilometer 132 sogar ein besonders entzückendes Exemplar. Dieser Leuchtturm sieht so aus, wie ein Kind aus seiner Vorstellung heraus einen Leuchtturm malen würde. Angestrichen in Rot und in Weiß, 10 Meter hoch, mit Galerie und Laterne. Der Wärter, mit geringeltem Pullover und blauer Mütze, steht auf dem Balkon und blickt in die Ferne.
Nun hat sich bereits herumgesprochen, dass Andel so manch Außergewöhnliches zu bieten hat: Die Kirche im Ort zum Beispiel wurde im 12. Jahrhundert angeblich von sieben fleißigen Bürgern im Alleingang gebaut. Doch wie kommt ein Leuchtturm an die Mosel? Der Legende nach wurde er im 18. Jahrhundert zur Zeit der großen Goldfunde erbaut, um mysteriöse Gestalten zu vertreiben. Damals wurden zwar wirklich immer wieder glitzernde Körner im Wasser des Goldbachs gefunden – nicht von ungefähr heißt die bekannteste Weinlage Andeler Goldschatz. In Wahrheit jedoch wurde das maritime Schmuckstück von einem Andeler Hobby-Kapitän und Freizeit-Schiffsbauer in Eigenregie gebaut und ziert nun seinen eigenen Garten. So viel Pioniergeist imponiert. Von innen besichtigen lässt sich der Turm nicht, doch einen Blick über den Zaun ist er allemal wert. Dieser Leuchtturm sieht so gemütlich und sympathisch aus, man möchte ihn am liebsten umarmen.

- Leuchtturm, Moselufer in Andel, 54470 Bernkastel-Kues
www.bernkastel.de
- ÖPNV: Bus 333, Haltestelle Bernkastel-Kues Moselbahnstraße

KO-G 741
ich liege hier vor Anker still
120,33m ü. NN

App in den Keller

60

Die Festung Mont Royal

Wenn man an einem Sonntagnachmittag mit der Familie eine Festung besichtigen will – wo sollte man da hin? Natürlich zur Festung Ehrenbreitstein bei Koblenz, werden die meisten sagen. Allerdings gibt es an der Mittelmosel noch eine andere Festung. Ein Bollwerk von einst gigantischer Dimension. Und dennoch ein Geheimtipp, auf den erstaunte Spaziergänger meist nur zufällig stoßen. Sie steht auf dem Mont Royal, dem Berg des Königs. Ludwig XIV. ließ die Festung ab 1687 nach den Plänen seines genialen Baumeisters Sébastien Le Prestre de Vauban errichten. Vauban gilt zu Recht als der bedeutendste Militärarchitekt seiner Zeit, hat er doch Frankreich, Luxemburg, Belgien und den Westen Deutschlands mit rund 160 Festungen überzogen.

Die Anlage über der Mosel sollte als Operationsbasis und Versorgungsdepot für die Rheinarmee dienen. Bis zu 8000 Fronarbeiter haben hier damals in einem atemberaubenden Tempo gemauert. Und tatsächlich standen schon einige Jahre später die Bastionen und das Zeughaus, ebenso Privathäuser, ein Teil der Kasernen und über ein Dutzend Plätze und Straßen.

Insgesamt umfasste das Areal von Mont Royal eine Fläche von circa 50 Hektar, was der Größe von etwa 70 Fußballfeldern entspricht. Der 3 Kilometer lange Festungswall, auch die „schwarze Mauer“ genannt, erreichte eine Höhe von bis zu 30 Metern. Doch: Mit dem Frieden von Rijswijk 1697 war die Mont Royal schon Geschichte. Im Austausch gegen die Stadt Straßburg jagten die Franzosen die oberirdischen Bauwerke in die Luft. Heute sind davon zwar nur noch wenige Mauern zu sehen. Aber vor allem blieben einige der unterirdischen Gänge und Kellergewölbe erhalten. Nicht nur Kinder lieben es, das geheimnisvolle Labyrinth unter Tage zu erkunden. Hilfreich ist dabei natürlich eine Taschenlampen-App. Diese Festungsanlage im Wald ist wie ein riesiges Freiluftmuseum und gleichzeitig ein Ruhestifter. Hier kommen Spaziergänger genauso wie Geschichtsinteressierte auf ihre Kosten.

TIPP

Die Touristen-Info vermittelt interessante Führungen durch die Festungsruine.

● Festung Mont Royal, an der K64 zwischen Kletterwald und Flugplatz, 56841 Traben-Trarbach, www.traben-trarbach.de
● ÖPNV: Bahnhof Traben-Trarbach

Entschleunigung old school

61 Das Kloster Springiersbach in Bengel

In der Nähe von Bengel gibt es einen spirituellen Ort, an dem die Geruhsamkeit mit den Händen greifbar erscheint. In dem mehr als 900 Jahre alten Kloster Springiersbach trägt die Stille durch den Tag. 1922 hat der Karmeliterorden dort einen kleinen Konvent eingerichtet. Die Brüder kümmern sich vor allem um die Seelsorge und wirken im angeschlossenen Bildungs- und Exerzitienhaus Carmel Springiersbach. Man muss natürlich nicht Nonne oder Mönch werden – auch weltliche Ruhesuchende finden dort Inspiration. Vom Qi-Gong-Workshop über Genusswandern und Schweigeexerzitien bis hin zu Wohlfühlwochenenden für Frauen reicht das Angebot.

Doch auch unabhängig vom Kursprogramm dürfen sich Einzelgäste bei den gastfreundlichen Karmelitern eine Auszeit nehmen. Abtauchen. In sich kehren. Einfach mal für eine Weile weg sein. Zum Einquartieren stehen 30 schöne Zimmer mit Bad bereit, um in der Abgeschiedenheit Entschleunigung zu erfahren.

Doch auch wer sich nur für ein paar Stunden zurückziehen will, kann auf dem weitläufigen Areal auftanken und innehalten. Die Klosterkirche ist ein barockes Schmuckstück, das beim Betrachten seine ganz spezielle Wirkung entfaltet. Das Auge springt von den mit Gold verzierten Altären aus Eichenholz über die geschnitzten Wangen der Kirchenbänke zum riesigen Deckenfresko. Auch der spätromanische Kapitelsaal lohnt einen Blick. Die umliegende Landschaft tut ein Übriges dazu, Entspannung zu finden. Wer mag, erkundet den Kondelwald oder läuft um den kleinen Weiher am Kloster. Ganz mit sich alleine und der Stille, die einen umgibt, damit das anklingen kann, was im Inneren vielleicht schon lange zur Sprache kommen will.

Kloster gibt es übrigens auch zum Mitnehmen, in dem Verkaufsraum neben der Kirche. Der Laden bietet Bücher und Kalender sowie religiöse Kunst und Klosterprodukte wie Kerzen, Figuren und Süßes. Die Himmelsküsse aus Honig und Nüssen sind sehr lecker.

- Karmelitenkloster Springiersbach, Karmeliterstraße 2, 54538 Bengel, Tel. (0 65 32) 93 95 0, www.karmeliten.de
- ÖPNV: Bahnhof Bengel

Majas Meister

62 Im Weingut Weis in Zell

Wenn Robert Weis summt, summen etwa 1,5 Millionen seiner Arbeiterinnen mit. Schon von Kindesbeinen an kümmert sich der passionierte Hobby-Imker um eigene Bienenstöcke, in seinem Garten schwärmen die Schwestern und Brüder von Maja ein und aus. Was die geringelten Insekten im Tiefflug über Zell mit Hilfe ihrer winzigen Rüssel zusammentragen, kann sich schmecken lassen. Ein Honiglikör namens „Bienenzauber" steht im Verkaufsregal und goldgelber Met, das Getränk inzwischen nicht mehr nur für die Götter. Natürlich auch drei Honigsorten im Glas: Waldblüten-, Sommerblüten- und Frühtrachthonig.

Allerdings geht es Robert Weis längst nicht bloß darum, zuckersüßen Honig zu schleudern. Mit Begeisterung beschäftigt er sich mit der Haltung und Zucht und gibt sein Wissen rund um die Wabe so sympathisch wie einst Peter Lustig an große und kleine Besucher weiter. Man erfährt beispielsweise, dass die fleißigen Bienen circa 40.000 Mal ausfliegen müssen, um Pollen und Nektar für 500 Gramm Honig zu sammeln. Wie auch beim Wein, hat die Umgebung Einfluss auf den Geschmack. Beim Live-Blick in einen Bienenstock offenbart sich eine kleine, faszinierende Welt, in der das Zusammenleben reibungslos funktioniert. Es gibt so viel zu erzählen über das Gebaren der Königin, ihrer Drohnen und emsigen Arbeiterinnen. Über ihr Schwärmen, ihr Organisationstalent und ihr zuweilen kurioses Liebesleben. Es ist beeindruckend, was die Bienen mit ihren Mini-Supergehirnen alles zuwege bringen.

Wirklich dicht dran zu sein, die komplexe Sozialstruktur und das emsige Treiben der Bienenvölker zu verstehen und dabei ihr Summen zu hören ist ein besonderes Erlebnis. Aus gutem Grund entdecken inzwischen sogar immer mehr Städter die Imkerei für sich. Man bekommt ein Gefühl dafür, was für eine Freude es bereitet, seine erste eigene Ernte in ein Glas zu füllen. Freilich macht Honig sicher nicht reich, aber glücklich.

- Weingut Robert Weis, Mittelstraße 8, 56856 Zell, Tel. (0 65 42) 55 26 www.weis-wein.de
- ÖPNV: Bus 722, Haltestelle Zell Lindenplatz

Glück auf!

63 Der Winzerkeller in Fell

Wer die Einheimischen im Trierer Land nach ihrem Lieblingsgasthaus fragt, wird den Namen „Winzerkeller" sicherlich nicht nur einmal hören. Es liegt in Fell, dem ehemaligen Schieferdorf der Mosel. Über Jahrhunderte hinweg wurde das schwarze Gold in dem Seitental aus dem Berg geholt. Der Schiefer ist es auch, der dem Wein diesen speziellen Geschmack einhaucht. Der Winzerkeller war über 100 Jahre lang das Zentrum des Feller Weinbaus. Doch nur die hohen Decken und die Maischetrichter erinnern noch daran, dass in dem hübschen Gebäude Trauben gekeltert wurden. Heute betreibt Harald Schmitt in den behutsam sanierten Räumlichkeiten ein zünftiges und zugleich elegantes Restaurant, das auf verschiedene Arten glücklich macht.

„In vino veritas", verheißt es in großen Lettern auf der Wand. Wer die Wahrheit im Wein finden wolle, dürfe die Suche nicht gleich beim ersten Glas aufgeben, hat der Aphoristiker Werner Mitsch geschrieben. Dass die Gäste aus über 250 Weinen und Sekten wählen können, passt da gut ins Bild. Doch sich in aller Ruhe umschauen sollte man aber auch. Denn im behaglichen Gastraum, auf der Galerie und im Keller erzählen Exponate vom Schieferbergbau in Fell. Neben kleinen mit Sprüchen versehenen Schiefertafeln steht auch eine ganze Reihe von alten Weinbau-Gerätschaften wie Holzfässer, Leiterwagen oder eine historische Kelter im Lokal.

Mit den Worten „Glück Auf" werden die Gäste auf der Speisekarte begrüßt. Darauf finden sich Wildgerichte und Edelfische als Spezialität. Aber auch herrlich Bodenständiges wie Armittsches-Zupp. Das uralte moselländische Leibgericht aus Hackfleisch, Kartoffeln und Sauerkraut wurde früher im Armittschen, auf Hochdeutsch übersetzt Henkelmann, zu den Arbeitern in den Weingärten oder im Schieferbergwerk gebracht. Oft sind es ja die einfachen Dinge, die uns glücklich stimmen. Allerdings sollte man vorher einen Tisch reservieren, denn der Winzerkeller ist dank der Wohlfühlatmosphäre und des guten Preis-Leistungs-Verhältnisses gut besucht.

TIPP

Das Besucherbergwerk im Ort bietet Führungen durch zwei alte Stollen.

- Zum Winzerkeller, Kirchstraße 41, 54341 Fell, Tel. (0 65 02) 9 38 44 35 www.zum-winzerkeller.de
- ÖPNV: Bus 22, Haltestelle Fell Kirche

In Vino Veritas
Feller Karls Kopf
Feller Hahnenberg
Feller Maximiner Burgberg
Feller Marienlay

Schatzkammer der Bücher

64 Im St. Nikolaus-Hospital in Bernkastel-Kues

Bibliotheken sind Orte des Glücks, kleine Seelenoasen im Trubel der Welt. Denn in den hohen Regalen wird so viel Wissen gesammelt, dass man auf nahezu jede Frage eine Antwort erhält. Freilich, wer heute rasch Informationen braucht, der bekommt sie natürlich in Windeseile im Netz. Doch feine Bibliotheken sind immer auch für Zufallsentdeckungen gut. Einfach nur mit den Augen die Buchrücken entlangfahren, wahllos eines davon greifen, aufmerksam darin blättern. Manchmal scheint es fast so, als würde eine geheimnisvolle Kraft dem Suchenden die richtigen Bücher zuspielen.

Besonders alte Bibliotheken strahlen eine ganz eigene Wirkung aus. Als Zeugen vieler Jahrhunderte verströmen sie Weisheit und Würde. Wen solche Schatzkammern faszinieren, dem sei eine Führung durch das St. Nikolaus-Hospital in Kues ans Herz gelegt. Schon der Kreuzgang und die Kapelle sind sehenswert. Vor allem aber lagern in einem hübschen Raum über der Sakristei Hunderte von Werken – bis zu 1000 Jahre alt! Es ist die Bibliothek des Philosophen und Kirchenmannes Nikolaus von Kues, genannt Cusanus (1401–1464). Eine der kostbarsten Privatbibliotheken der Welt. Gefüllt mit Handschriften aus dem 9. bis 15. Jahrhundert und mit Werken aus der Frühzeit des Buchdrucks, sogenannten Inkunabeln. Vertreten sind alle Wissensgebiete von Philosophie und Theologie bis hin zu Medizin, Geografie und Astronomie. Cusanus liebte die Bücher. Er hat sie damals auf seinen vielen Reisen aufgestöbert, als Geschenke erhalten oder mit reich illuminierten Titelseiten für sich anfertigen lassen. Manche davon wurden von dem Universalgelehrten sogar mit handschriftlichen Anmerkungen versehen.

Eine solche Sammlung wird auch im digitalen Zeitalter nichts von ihrer Magie verlieren. Es ist die Mischung aus gesammeltem Wissen eines großen Denkers und aus historischer Architektur, welche den Reiz dieser Bibliothek ausmacht. Wer den kleinen Raum betritt, wird die erhabene Ausstrahlung spüren.

TIPP
Nebenan kann man im Gewölbekeller der Vinothek über 100 Weine probieren.

- St. Nikolaus-Hospital/Cusanusstift, Cusanusstraße 2, 54470 Bernkastel-Kues, Tel. (0 65 31) 22 60, www.cusanus.de
- ÖPNV: 300, 346 Haltestelle Bernkastel-Kues Forum

Hoch hinauf, tief beeindruckt

65

Der Calmont zwischen Eller und Bremm

Er ist 400 Millionen Jahre alt, fast 400 Meter hoch und mit einer Hangneigung bis zu 65 Grad der steilste Weinberg Europas. Kann dieser Mount Everest unter den Weinbergen tatsächlich ein Glücksort sein? Unbedingt! Wer den Calmont beschreitet, trifft auf Spitzenweine, wilde Buchsbäume und Aussichten zum Heulen schön. Ein alpin anmutendes Erlebnis mit Wow-Effekt. Da kommt Wanderlust sogar bei denjenigen auf, die normalerweise nur ungern über längere Strecken laufen.

Um Hochgefühle zu erleben sind zwar keine Höchstleistungen erforderlich. Dringend zu empfehlen sind jedoch Schwindelfreiheit, eine normale körperliche Konstitution und feste Schuhe. Dann geht es hinein in die hohe Calmont-Welt.

Vom Bahnhof in Eller führt ein schmaler Serpentinenpfad immer weiter nach oben bis zur Schutzhütte Galgenlay – dort muss man sich entscheiden: Stelle ich mich der sportlichen Herausforderung und kraxele über Leitern und Trockenmauern auf dem Klettersteig durch den Berg? Oder möchte ich mich lieber nicht an Seilen entlang der Felsen hangeln und folge deshalb dem Höhenweg über den Kamm bis nach Bremm? Doch welche Route man auch wählt: Regelmäßig hat man die sagenhaftesten Panoramen vor Augen: Tief unten windet sich die glitzernde Mosel durchs Tal, Ediger und Eller sehen wie Spielzeugdörfer aus. Der Horizont scheint zum Greifen nah, auf einer Felsnase flattert ein Fähnchen im Wind. Auf manchen Abschnitten wachsen die Reben wie in einem griechischen Theater an der steilen Wand eines Kesselhalbrunds nach oben. Und man selbst steht mittendrin! Gigantisch. Langweilig wird die Aussicht keine Minute, denn nach jeder Kurve wechselt die Perspektive. Und wer den je knapp 3 Kilometer langen Pfad absolviert hat, wird nie mehr ein Wort über den angeblich zu teuren Calmont-Riesling verlieren: Denn er weiß, da waren Artisten am Werk. Am Ziel angekommen, ist alle Anstrengung längst vergessen. Man lächelt nur noch und freut sich darüber, wie schön das Leben doch sein kann.

● Calmont-Klettersteig und -Höhenweg, Einstieg am Bahnhof in Ediger-Eller
www.calmont-region.de
● ÖPNV: Bahnhof Ediger-Eller

Im guten Stübchen

66

Im Jugendstilhotel Bellevue in Traben-Trarbach

Sie bleiben stehen, stutzen und wundern sich über die Spektakel-Architektur, die wohl kaum jemand in einem Provinz-Städtchen erwartet. Das ist die typische Reaktion von Reisenden an der Mosel, wenn sie zum ersten Mal auf der Uferpromenade von Traben-Trarbach schlendern. Die pompösen Villen überraschen. Sie stammen aus der Zeit, als sich die Doppelstadt zu einem der wichtigsten Weinumschlagplätze in Europa aufschwang. Um 1900 ließen sich wohlhabende Händler von begabten Architekten steinerne Paradiese entwerfen. Und der renommierte Baumeister Bruno Möhring war die Seele dieser Neugestaltung der Stadt. Mit dem Berliner kam eine neue, aufregende Stilrichtung an die Mosel: der Jugendstil.

Die Brücke, die von nun an Traben mit Trarbach verbinden sollte, war das erste seiner Werke. Darauf folgte das elegante Hotel Bellevue – es trug damals noch den Namen Clauss-Feist. Ein wahres Juwel, das bis heute mit seiner authentischen Innenausstattung beeindruckt. Ob in der original erhaltenen Eingangshalle, im großen Saal des Restaurants oder in dem kleineren Stübchen – Respekt vor der Vergangenheit zeigt sich in jedem einzelnen Raum. Feine Antiquitäten und hölzerne Vertäfelungen prägen den Stil, überall ticken verschnörkelte Uhren, florale Muster zieren die Wände. Von den Tapeten über Messingleuchten bis hin zu einem prachtvollen Schaukamin mit perlmuttschimmernden Fliesen: Hier ist alles noch Belle Époque. Bunte Ornamentfenster verzaubern das einfallende Licht – im Speisesaal sogar ein Fenster, das vor über 100 Jahren einen Raum auf der Turiner Ausstellung für dekorative Kunst schmückte. Auch viele der Jugendstillampen stammen noch aus dem Eröffnungsjahr 1903.

Damals avancierte das Hotel zur ersten Adresse an der Mosel und es pflegt auch heute noch die gediegene Lebensart. Wer hier einkehrt, fühlt sich in die aristokratisch-großbürgerliche Atmosphäre der vorletzten Jahrhundertwende versetzt. Herrschaftlicher kann man seinen Riesling auch heute kaum genießen.

TIPP

Buchen Sie bei der Tourist-Info den „Weinarchitektonischen Spaziergang" zu den Jugendstil-Bauwerken der Stadt.

- Romantik Jugendstilhotel Bellevue, An der Mosel 11, 56841 Traben-Trarbach, Tel. (0 65 41) 70 30, www.bellevue-hotel.de
- ÖPNV: Bahnhof Traben-Trarbach

Alles wie früher

67 Das Weinmuseum in Senheim

Wenn es das Weinmuseum Schlagkamp-Desoye nicht gäbe, müsste man es erfinden … Wen eine Ausstellung rund um die Rebe normalerweise nicht ins Museum lockt, der kann sich vielleicht für eine der weltweit größten Sammlungen von Winzergerätschaften und Küferwerkzeugen begeistern. Immerhin über 10.000 Exponate hat der Senior Dieter Schlagkamp in über 40 Jahren zusammengetragen. Wer nun allerdings in Gedanken an eine rostige Werkzeugkiste gelangweilt die Augen verdreht, dem sei gesagt: Beim Anblick des musealen Festsaals des jahrhundertealten Weinguts muss sich so mancher bemühen, den Mund vor Staunen geschlossen zu halten.

Doch der Rundgang beginnt zunächst im historischen Weinkeller des Hauses, wo es zwischen illuminierten Fuder-Fässern und Gerätschaften plötzlich blubbert und gluckst. Über eine Sprachbox erfährt der überraschte Besucher: Das ist Gärung. Die freundliche Stimme aus dem Off klärt darüber auf, dass man sich in einem der ältesten Weingüter der Region befindet. Gegründet im Jahr 1602, wird es nun schon in elfter Generation geführt. Gezeigt wird die Geburtsstunde des Weines, der Weg der Traube vom Rebstock über die Presse ins Fass.

Aus dem Keller führt die Treppe zur Hauptattraktion: der scheinbar seit 100 Jahren unberührte Festsaal, mit langen Tischreihen wie früher, althergebrachter Bühne und der hölzernen Statue „Venus mosellana".

Die Wände sind übersät mit Hämmern, Schneidewerkzeugen, Äxten, Sägen. Ein Raum, in dem man völlig vergisst, in welchem Jahrhundert man sich eigentlich gerade befindet. Handelt es sich um das Entstehungsjahr 1923 oder doch schon ums 21. Jahrhundert? Die Frage kann erst aufgrund der Währung, in der man an der Theke die Austrittskarte bezahlt, beantwortet werden. Für diesen kleinen Obolus gibt es sogar noch ein Gläschen Wein.

Die Wetter-App zeigt Wolken oder den geöffneten Regenschirm? Perfekt für einen Ausflug in dieses originelle Museum.

- Weinmuseum Schlagkamp-Desoye, Zeller Straße 11, 56820 Senheim, Tel. (0 26 73) 43 81, www.schlagkamp-wein.de
- ÖPNV: Bus 711, Haltestelle Senheim

Lage, Lage, Lage!

68

Die Paulskirche bei Lieser

Die Paulskirche hoch in den Weinbergen bei Lieser ist reizend, keine Frage. Was dieses Kirchlein jedoch zu einem Glücksort macht, ist seine außergewöhnliche Lage. Wunderbar, was hier für eine Landschaft entstand, weil sich die Mosel auf ihrem Weg nach Koblenz vor über 100.000 Jahren anders entschied. Dem Gotteshaus zu Füßen erstrecken sich grüne Felder, Dörfer und Reben. Die Besucher sind wahrlich ergriffen, wenn der Blick über das ehemalige Flussbett schweift. Das erkennt man am verklärten Lächeln.

Die Energie dieses Ortes haben die Menschen vermutlich schon immer gespürt. Denn der Legende nach befand sich schon vor dem Bau der ersten Kirche eine Kultstätte an selber Stelle. Im Mittelalter pilgerten die Gläubigen dann aus 14 Dörfern wegen einer Kreuzreliquie her. Und während der Revolution im Oktober 1848 haben sich 15.000 Demokraten hier versammelt, um für die Verbesserung ihrer sozialen Lage zu demonstrieren. Zuvor wohnten 200 Jahre lang Eremiten in einer winzigen Klause. Die sogenannten „Paulsbrüder" kümmerten sich um die Andacht und hielten die Kapelle in Schuss. Nachdem der letzte Einsiedler verstorben war, machten sich allerdings Plünderer über die unbehütete Einrichtung her. Viehtreiber sollen sich bei Gewitter sogar mitsamt Kühen in dem Gotteshaus untergestellt haben.

Auch heute noch bekommt der kleine Bau während der Saison an Sonntagen viel Besuch. Denn wer Stille sucht, kann sie an diesem Ort des himmlischen Friedens finden. Einheimische und Touristen kommen her, um Kraftstoff für die Seele zu tanken. Und wer zum ersten Mal den Vorraum der Kapelle betritt, kann kaum glauben, was er entdeckt: Auf einem Tisch stehen Wein und Bier nebst alkoholfreien Getränken für Besucher bereit. Für einen kleinen Obolus in die Kasse des Vertrauens nimmt man sich davon, setzt sich auf den dicken Stein vor der Kirche, trinkt und seufzt. Wer auch nur einen winzigen Funken Spiritualität in sich hat: Hier wird er gezündet.

TIPP

Die Paulskirche ist ab 1.5. bis 31.10. sonntags von 10 bis 17 Uhr geöffnet. Führungen nach Vereinbarung, Tel. (0 65 31) 24 24 oder 64 57.

● Paulskirche, Paulsstraße 110, 54470 Lieser
www.lieser-mosel.de
● ÖPNV: Bus 301, Haltestelle Bahnhof Lieser

Flieger, grüß mir die Sonne

69

Auf dem Flugplatz in Koblenz-Winningen

Fliegen können. Ach, das wär's. Den Kopf fast in die Wolken stecken, von oben auf die Hausdächer blicken, Freiheit atmen. Aus einer Perspektive betrachtet, wie sie sonst nur Vögel kennen, ist die Welt plötzlich weit und alles so winzig.

Wer das gerne mal ausprobieren möchte, geht am besten an einem Sonnentag auf den Flugplatz in Winningen. Idyllisch in den Weinbergen gelegen, bietet die dort ansässige Flugschule Rhein-Mosel-Flug nach Terminvereinbarung die Chance auf Höhenflüge. Vorbei an Weinbergen, über die Mosel hinweg, werden bis zu drei Passagiere auf einem Rundflug ihrer Wahl durch den Himmel getragen. Auf dem „10 Burgen-Flug" geht die Reise über die beiden Gemäuer in Kobern-Gondorf, die zauberhafte Burg Thurant oder die Ehrenburg an der Mosel. Aber auch zur stattlichen Konkurrenz am Rhein, dem Schloss Schöneck, Schloss Stolzenfels oder der Burg Lahneck.

Ob nun auf dem „Großen Mosel-Flug" über die Autobahnbrücke Winningen, die Insel Ziehfurt und die Staustufe Lehmen oder auf der Tour übers Deutsche Eck mit dem Koblenzer Schloss und der Festung Ehrenbreitstein: Aus der Luft lassen sich die Schönheiten der Region am besten überblicken. Zum Glück gibt es kein Gerangel um den besten Platz, denn im Motorflieger sitzt jeder nahe am Fenster. Etwa 15 himmlische Minuten dauert das Vergnügen, das neue Horizonte eröffnet.

Darf es noch ein bisschen exklusiver sein? Die Berufspiloten der Rotorflug GmbH bieten auf dem Flugplatz die Möglichkiet zu einem Mitflug in einem Hubschrauber an. Dabei bestimmen die Passagiere, wo es langgehen soll. Doch wo sie auch entlangknattern mit diesem Fluggerät, wird ihnen von unten nachgeguckt, als wären sie Hollywood-Stars. Sogar Kühe recken ihre Köpfe nach oben. Das Abheben per Senkrechtstart, das Schweben wie eine Hummel auf der Stelle, die Wendigkeit: Schon das Fliegen mit dem Hubschrauber selbst ist ein einmaliges Erlebnis. Man möchte singen vor Freude.

● Flugplatz Winningen, 56333 Winningen
www.flugplatz-koblenz-winningen.de
● ÖPNV: Bahnhof Winningen

Im Reich der Kräuter

70 Der Kräutergarten in Hatzenport

Was macht man auf einem Friedhof, wenn die Liegezeiten der Gräber abgelaufen sind und der Raum nicht mehr benötigt wird? Die Menschen in Hatzenport hatten eine ungewöhnliche Idee: Sie verwandelten den sonnenverwöhnten Platz an ihrer alten Kirche St. Johannes in einen sehr speziellen Garten. Auf dem kleinen Felsplateau verströmen nun Salbei, Rosmarin und Kamille Wohlgeruch in all ihrer Intensität. Doch dieser Kräutergarten, mitten in den Weinbergen gelegen, ist weit mehr als dieses übliche Kräutereckchen hinterm Haus. Im Grundriss findet sich die geometrische Struktur der historischen Kloster- und Apothekergärten wieder. Die Gehwege am Fuße der Kirche wurden in typischer Kreuzform angelegt – darauf wandeln heute weltliche Gartenliebhaber oder zufällige Passanten durch eine Welt voller Farben und Düfte.

Von März bis in den Oktober hinein blüht es nun im Hatzenporter Kräutergarten, fast jede Woche wechselt das Bild. Auf kleinen Schiefertäfelchen steht in Handschrift geschrieben, was in den zehn Themenbeeten alles so wächst und gedeiht: Dort zeigen sich Wildtulpe, Katzenminze oder Johanneskraut. Ein paar Schritte weiter stehen Wiesenbocksbart, Sonnenröschen und Blauer Lattich. Der blühende Thymian bildet einen üppigen Teppich. Auch Olivenbäume und historische Rosen wachsen in diesem Garten für alle Sinne der Sonne entgegen. Und vier der hierzulande nur noch seltenen Maulbeerbäume gibt es unterhalb der Johannes-Kirche auch noch zu sehen. Diese Veteranen gehören immerhin zu den ältesten Kulturpflanzen auf unserer Erde.

Auf der kleinen Basaltbank sitzend gerät die Zeit in Vergessenheit. Man kann spüren, wie sich die Augen beim Anblick dieses mit Liebe angelegten Kräuterreichs erholen. Und hören, dass nicht mehr die Straße rauscht, sondern nur noch der kleine Wasserfall, der nebenan die Felswand hinunterplätschert.

● Alte Kirche St. Johannes, Friedhofsweg 2, 56332 Hatzenport
www.hatzenport.de
● ÖPNV: Bahnhof Hatzenport

Auf der Mauer, auf der Lauer

71

Die Burg Thurant in Alken

Natürlich fand schon die eine oder andere Burg Erwähnung in diesem Buch. Aber sie sind nun mal etwas ganz Besonderes, diese charmanten Zeitzeugen auf den Hügeln über der Mosel. Keine davon gleicht der anderen, und immerhin ist die Thurant die einzige Doppelburg in der Region. Denn weil sich die Erzbistümer Trier und Köln die um 1200 erbaute Anlage einst teilten, verfügte jede Hälfte über einen separaten Eingang und eigene Wohngebäude. Allein schon die beiden Bergfriede machen mächtig etwas her. Dazu punktet die Thurant natürlich mit ihrer stattlichen Größe, aber vor allem mit herrlichen Plätzchen zum Verweilen.

Es gibt Türme, Türmchen, Fachwerk und hölzerne Stiegen. Efeuberankte Mauern, Giebeldächer und einen Steingarten mit Putten aus dem Barock. An solchen Orten wachsen üblicherweise Dornenhecken 100 Jahre lang bis übers Dach hinaus und Frösche verwandeln sich in Prinzen. Käme plötzlich eine Fee, um nach drei Wünschen zu fragen, würde sich wohl kaum jemand wundern. Wer diese Augenweide von Burg betritt, wird sich garantiert in das Gemäuer mit den vielen romantischen Winkeln verlieben. Man läuft durch Türen, Bögen und Tore, immer wieder geht es einige Stufen hinauf und wieder hinab. Der Weg führt zum Jagdzimmer und in den Weinkeller voll mit alten Gerätschaften und Fässern. Und wer schon immer einmal sagen wollte: „Rapunzel, lass dein Haar herunter“, findet auf dem Kölner Turm sein Glück. Über die Höfe verteilt stehen in lauschigen Nischen Bänke zum Ausruhen und Luftschlösserbauen bereit. Doch der Lieblingsplatz der meisten Besucher sind die in die Mauer eingelassenen Sitzplätze im Trierer Teil der Burg. Mit herrschaftlichem Ritterblick sieht man von dort aus bei einem Glas Wein die Vögel über die Weinberge gleiten. Immerhin kann man sich mit Getränken und Würstchen am Burgkiosk selber versorgen – und wer noch einen Wunsch übrig hat, bittet die Fee um einen freien Sitzplatz in der Mauer.

TIPP

Innerhalb der Burganlage liegt das Ferienhaus „Sporkhorst“, in das man sich einmieten kann.

- Burg Thurant, 56332 Alken, Tel. (0 26 05) 20 04
www.thurant.de
- ÖPNV: Bus 301, Haltestelle Alken Kirchstraße

Der Geist der Weihnacht

72 Das Krippenmuseum in Klüsserath

In einem Dorf an der Mosel weihnachtet es sehr – auch im August. Denn in Klüsserath dreht sich das ganze Jahr über alles um Krippen. Was vor über 30 Jahren mit einer kleinen Gruppe von Krippenbauern begann, hat sich zu einem engagierten Verein mit über 300 Mitgliedern entwickelt. Die Klüsserather Krippenfreunde haben nicht nur die erste Krippenbauschule des Landes ins Leben gerufen. Sie haben auch ein verfallenes Winzerhaus aus dem Jahr 1650 gerettet, um darin eine bemerkenswerte Schau einzurichten. Mehr als 90 fantasievolle Exponate werden präsentiert: Kleinere und größere Meisterwerke, historische und zeitgenössische Unikate, Modelle aus aller Welt ebenso wie heimatliche Krippen. Viele davon in feinster Handarbeit von Klüsserather Männern und Frauen gefertigt. Wer dieses stimmungsvolle Museum betritt, wird staunen, was für eine Leidenschaft Krippen auslösen können.

Von der Herbergssuche bis hin zur Flucht ist alles zu sehen: Im Stall freuen sich Maria und Josef über die Geburt ihres Kindes, von ferne eilen die drei Könige herbei, um ihre allseits bekannten Geschenke abzuliefern. In einer anderen Szene verkündet ein Engel den Hirten die Ankunft des Messias, in der nächsten zieht die heilige Familie mit Esel, Sack und Pack durch eine Schlucht.

Man staunt über pittoreske Landschaften, den Faltenwurf eines Hemdes, jede kleinste Regung ist dargestellt. Wie viel Herzblut und handwerkliches Geschick die Klüsserather in ihre Krippen stecken, ringt Bewunderung ab. In einer Schneekrippe ist sogar das Winzerhaus, das heute das Museum beherbergt, dargestellt. Beim Hineinblicken erkennt man eine zufrieden lächelnde Maria und hört fast das Blöken der Schafe. Hinter der Familie steht ein Weinfass und Josef trägt eine für die Region typische blaue Schürze. Es ist dieser Reichtum an Details, der einen wie in einem Wimmelbild immer wieder Neues entdecken lässt. Es ist fast wie in der Kindheit, als Weihnachten noch wie ein Wunder wirkte.

● Haus der Krippen, Hauptstraße 83, 54340 Klüsserath, Tel. (0 65 07) 93 92 04
www.krippenmuseum.info
● ÖPNV: Bus 333, Haltestelle Klüsserath Kindergarten

Kunst-Natur-Ereignis

73 Der Skulpturenpark Bohnengarten in Leiwen

Die Skulpturenpark Bohnengarten ist ein Kleinod der Kategorie „secret places". Ein Glücksfall für alle, die am liebsten dorthin gehen, wo nicht viele andere hinkommen. Ein echter Geheimtipp also – und das wahrlich nur aus einem Grund: Der Platz liegt so versteckt, dass man ihn nie finden würde, wenn man nicht genau weiß, wo er sich befindet. Wer an der Mosel Schätze heben will, muss manchmal eben etwas weiter gehen, öfter mal abbiegen oder neugierig in abgeschirmte Ecken blicken. Wie zum Beispiel hinter diesen hohen Zaun am Ortsrand von Leiwen, im Distrikt Bohnengarten.
Der Eingang befindet sich gegenüber der Klosterstraße Nummer 66. Wer das schwere Portal öffnet und über die Schwelle tritt, steht im privaten Gartenparadies von Arnold Laux, das mittwochs und samstags zwischen 14 und 19 Uhr netterweise kostenlos besichtigt werden darf. Es ist ein Refugium zum Staunen und Relaxen. Weitläufig genug, dass sich die Gäste nicht in die Quere kommen. Die Werke regional bekannter Künstler und Künstlerinnen bevölkern dieses liebevoll gestaltete Fleckchen Erde mit Teichen und kleinem Birkenwäldchen. So trifft man zum Beispiel auf den „Wächter", einen Römerkopf aus Sandstein. Auf einer Wiese steht eine grüne Kuh, ein paar Meter weiter wirft sich ein Wildschwein aus Cortenstahl in Pose. Die Sandsteinfigur „Dicke Berta" hat es sich unter einer Linde bequem gemacht. Man läuft durch Tore und entdeckt eine steinerne Weinbergschnecke im Schatten einer Trauerweide. Leuchtende „Hagebutten", die sich auf langen Stäben in Richtung Himmel strecken, heben sich deutlich von den Weinbergen im Hintergrund ab. Davor hat das Werk mit dem Titel „Arbeit und Muße" einen einladenden Platz in der Freiluftausstellung gefunden. Eine der beiden Figuren sitzt auf einer Bank. Am besten lässt man sich daneben nieder, um für eine Weile das harmonische Zusammenspiel von Kunst und heimischen Pflanzen zu genießen. Die Natur ist eben immer noch die schönste Galerie.

● Skulpturenpark Bohnengarten, Im Bohnengarten 1, 54340 Leiwen
● ÖPNV: Bus 220, 221, Haltestelle Leiwen Ausoniusstraße

Stonehenge der Mosel

74

Der Wildstein im Kautenbachtal

Wundervoll geht es im Kautenbachtal zu – und das sogar an mehreren Orten. Die fabelhaftesten Sehenswürdigkeiten hat die Natur hier in den Wald gestellt: Natürliche Schieferhöhlen, Wurzeln und krumm gewachsene Bäume beflügeln die Fantasie. Manche davon sehen so aus wie verwandelte Tiere. Da sind eine Schlange und ein Igel, aber auch der Oberon-Sitz. So zauberhaft, so verspielt, dass der Weg, der an den 32 magischen Figuren entlangführt, zu Recht den Namen „Elfenpfad" trägt.

Doch die wohl wunderlichste Erscheinung versteckt sich auf dem Bergkamm im Wald: eine Anhäufung von rätselhaften Steinen, geschickt gestapelt zu einem stolze 6 Meter hohen Turm. Es sieht so aus, als hätte eine mysteriöse Riesenhand die 18 Felsbrocken kunstvoll aufeinandergelegt. Und niemand kann sagen, warum. Der sagenumwobene Wildstein – eine Art Stonehenge an der Mosel.

Schon seit über 300 Jahren versuchen Neugierige auf den Ursprung dieser bemerkenswerten Formation eine Antwort zu finden: Wurden die Steine vielleicht mit Absicht so arrangiert? Oder ist die Ansammlung eine schlichte Laune der Natur? Die Spekulationen reichen vom Grabmal eines vorzeitlichen Herrschers bis hin zu einer Opferstätte der Kelten. Tatsächlich glaubten die Kelten in ungewöhnlichen Naturphänomenen ihre Götter zu erkennen und versuchten an solchen Orten, die höheren Wesen mit Ritualen zu bezirzen. Der Nachweis einer keltischen Ringwallanlage ganz in der Nähe des Wildsteins befeuert zwar diese Theorie, doch die Klärung des Mythos steht bislang trotz Ideenreichtums der Besucher noch aus. Bis heute bewahren die Steine ihr Geheimnis und irgendwie sprechen sie doch. Der Ausstrahlung des Naturschauspiels kann sich kaum jemand entziehen. Vielleicht war der Wildstein ja tatsächlich ein Ort, an dem Wunder geschahen. Und mit ein bisschen Glück sogar noch immer geschehen.

- Wildstein und Elfenpfad, Wildbadstraße, 56841 Traben-Trarbach, Einstieg an der Moseltherme
- ÖPNV: Bus 322, Haltestelle Traben-Trarbach Moseltherme

Lokalkolorit vom Feinsten

75 Das Spitzhäuschen in Bernkastel-Kues

Spitzhäuschen – schon sein Name ist so niedlich. Man muss es einfach lieben, wie es sich mit seinen krummen, überhängenden Obergeschossen über die buckeligen Pflastersteine schmiegt. Obwohl es so aussieht, als müsste es jeden Moment kippen, hält das entzückende Gebäude der Schwerkraft seit über 600 Jahren tapfer stand.

Gerade mal 2 Meter misst Bernkastels Schmuckstück an seiner schmalsten Stelle. Etwa 12 Meter lang, streckt es sich auf kleinstem Raum nach oben. Man sagt, die Steuer sei der Grund für diese außergewöhnliche Bauart gewesen, da man seinerzeit nur für die Grundfläche zahlen musste. Andererseits durfte es ohnehin nicht weiter in die schmale Gasse ragen, ansonsten wäre nicht genug Platz für die passierenden Ochsenwagen geblieben.

Dieses schmalgiebelige Juwel ist nicht nur das betagteste Fachwerkhaus der Region. Mit seinem aus Schiefersteinen gebauten Weinkeller und den hübschen überhängenden Geschossen gilt es als ein Musterbeispiel alter moselländischer Winzerwohnkultur.

Seit der Grundsteinlegung im Jahr 1416 hat das Häuschen am Eingang zur Karlstraße schon viele Menschen kommen und gehen sehen. Es diente zum Beispiel einem Friseur als Salon und einem Schneidermeister als Atelier, auch eine kinderreiche Familie soll auf den wenigen Quadratmetern einst zu Hause gewesen sein. Heute ist das Spitzhäuschen vor allem ein Publikumsmagnet. Zwar ist Bernkastel reich an Fotomotiven, doch nirgends wird so oft auf den Auslöser gedrückt wie vor der Tür des Spitzhäuschens. Umso erstaunlicher ist es, dass immer noch nicht alle wissen, dass man auch hineingehen kann. Dabei ist darin auf zwei Etagen eine rustikale Weinstube untergebracht. Über 50 Weine des Familienweinguts Schmitz-Herges stehen zur Wahl. Dazu werden kleine Häppchen wie Winzerplatte mit Wurst, Schinken und Käse gereicht. Knapp 55 Gäste finden Platz. Natürlich ist es eng, aber auch deshalb urgemütlich. Das Spitzhäuschen ist einfach schnuckelig – von außen wie von innen.

● Spitzhäuschen, Weingut Schmitz-Herges, Karlstraße 13, 54470 Bernkastel-Kues, Tel. (0 65 31) 74 76, www.spitzhaeuschen.de

● ÖPNV: Bus 333, Haltestelle Bernkastel-Kues Tourist-Info

Weinstube
Spitzhäuschen
Gutsausschank
Bitburger

Alles im Fluss

76 Kanutour ab Ernst

Roadtrips nennen die Amerikaner ihre Sehnsuchtsfahrten durch traumhafte Landschaften über endlos erscheinende Straßen. Auf der Mosel geht das allerdings auch. Autotour kann doch jeder! Wenn der Fluss schon da ist, sollte man die Gelegenheit zu einem Paddel-Ausflug auch nutzen. Abschalten, endlich mal wieder ausspannen – nirgendwo gelingt dies leichter als beim Wasserwandern, wenn man sich faul flussabwärts treiben lässt.

Alles, was man dafür braucht, ist Wetter und das passende Gerät. Bootsverleiher Udo Marx hat am Moselufer in Ernst für jeden Geschmack etwas im Angebot. Vor allem jüngere Leute haben das Stand-up-Paddling inzwischen für sich entdeckt und gleiten stehend auf einem Board über die gemächlich fließende Mosel. Der Klassiker sind die Kajaks und Kanadier. Einstechen, durchziehen. Einstechen, durchziehen. Libellen surren vorbei, im schimmernden Wasser spiegeln sich grüne Weinberge und Burgen. Eine Kanutour hat beinahe etwas Meditatives. Und aus der Enten-Perspektive erlebt man die vertraute Natur nochmal ganz anders.

Fast gemütlich geht es auf der Tour bis nach Treis-Karden zu, dafür wartet die Strecke flussaufwärts nach Ediger-Eller mit dem Abenteuer Schleusen durch die Staustufe auf. Für die je rund 17 Kilometer brauchen die meisten Kanus etwa 4,5 Stunden. Unterwegs können die Paddler ihre Tour natürlich jederzeit hier und da unterbrechen, um einen Weinberg zu besteigen oder in einer Straußwirtschaft zu rasten. Und um den Rücktransport von Mensch und Gefährt zum Startpunkt kümmert sich der Shuttle-Service vom Bootsverleih.

Bombenwetter? Der ideale Zeitpunkt, sich die Paddel zu schnappen und abzulegen, idealerweise mit kühlen Getränken und einem Picknickkorb im Gepäck. Der Spaß beginnt mit einem winzigen Wackelmoment, wenn das Kanu beim Einstieg kurz taumelt. Doch ruckzuck hält das Boot die Balance und auf geht's ins Paddler-Glück.

TIPP

Ein spezielles Vergnügen ist die Abendfahrt im Großkanadier mit Steuermann. Buchbar ab acht Personen.

● Mosel-Kanutours, Udo Marx, Moselstraße 45, 56814 Ernst, Tel. (02671) 55 51
www.mosel-kanutours.de

● ÖPNV: Bus 711, Haltestelle Ernst Oberdorf

KO1358V

Kostbare Klunker

77 Das Edelsteinmuseum in Cochem

Sie blitzen, strahlen und funkeln. Von jeher haben Edelsteine eine faszinierende Wirkung auf viele Menschen. Die Kostbarkeiten sind ein Blickfang, sie stehen rund um den Globus für Unvergänglichkeit und Reichtum. Doch ob nun Saphire, Topas oder Rubine – ihnen allen ist gemein, dass sie aus unserer Erde stammen, kosmische Urgewalten ließen sie entstehen. Deshalb gleichen naturbelassene Steine oft eher einem unscheinbaren Kiesel. Erst durch Schneiden und perfekten Schliff, ausgeführt von geschickten Handwerkerhänden, bekommen sie ihr spezielles Feuer.

Über die Jahrhunderte hinweg wurde die Edelsteinverarbeitung im Hunsrück zur Vollendung gebracht, aus ihrer schillernden Vergangenheit schöpfen die Idar-Obersteiner noch heute. Tatsächlich haben jedoch bislang nur wenige davon gehört, dass auch in der Vulkaneifel wertvolle Edelsteine gefunden wurden. Und auch an der Mosel existierten früher Achat- und Edelsteinschleifereien.

Im Edelsteinmuseum in Cochem wird das funkelnde Wunder für Besucher erlebbar gemacht: Eine historische Achatschleiferei und eine Facettiererei zeigen den langen, althergebrachten Weg vom Rohstein hin zum glitzernden, wertvollen Juwel. Dass die Edelsteinverarbeitung nach wie vor als Kunsthandwerk gilt, ist in den prallgefüllten Ausstellungsräumen des Museums zu bewundern. Die Augen baden in einem Meer von zauberhaften Pastelltönen und kräftigen Farben, da stehen außergewöhnliche Schätze, von geschickten Schleifern aus aller Welt bearbeitet, hinter Glas. Größte Blickfänge sind die filigranen Flamingos, schillernde Fische und leuchtende Papageien. Natürlich werden auch Schmuckstücke aller Art zum Kauf präsentiert – hier kann wirklich jeder seinen persönlichen Glücksstein finden. Immerhin werden den edlen Steinen seit Urzeiten heilende und glückbringende Kräfte zugeschrieben. Ob das wirklich stimmt, steht zwar in den Sternen. Aber was soll's. Alleine ihre optische Schönheit macht Freude.

TIPP

Es werden täglich drei Führungen durch die Schleiferei angeboten.

● Edelsteinmuseum Cochem, Unterbachstraße 5, 56812 Cochem, Tel. (0 26 71) 42 67
www.edelstein-museum.info
● ÖPNV: Bahnhof Cochem

Schönheit kommt von innen

78

In der Porta Nigra in Trier

Früher war sie der Ausgang, heute ist die Porta Nigra der Mittelpunkt der Stadt. Einen markanteren Treffpunkt wird man in Trier nicht finden, denn fast jeder hat das besterhaltene römische Stadttor nördlich der Alpen zumindest schon auf einem Foto gesehen. Warum das aus hellem Sandstein gebaute Monument so dunkel geworden ist, weiß keiner so genau, doch es wurde bereits im elften Jahrhundert „Schwarzes Tor" genannt. Doch ein anderes Geheimnis konnten Archäologen im Sommer 2017 lüften: Triers Wahrzeichen ist rund 150 Jahre älter als bislang gedacht. Ein Eichenpfosten, gefunden im Stadtmauer-Fundament, brachte die Wahrheit ans Licht. Weil Hölzer damals unmittelbar nach dem Fällen verarbeitet wurden, konnten die Wissenschaftler anhand der Jahresringe den Baubeginn der Porta auf 170 nach Christus datieren.

Damals wurden 7200 tonnenschwere Sandsteinquader ohne Mörtel aufeinandergelegt und lediglich mit Eisenklammern zusammengehalten. Dass es das Meisterwerk überhaupt noch gibt, ist wohl dem Eremiten Simeon zu verdanken: Denn er hatte sich im Jahr 1028 in dem Tor niedergelassen und wurde bald nach seinem Tod heiliggesprochen. Ihm zu Ehren wurde die Porta Nigra zur Kirche umgebaut und so fast acht Jahrhunderte lang bewahrt. Ansonsten wäre sie vermutlich wie die anderen Tore abgetragen worden – an den Klammern hatten sich Metallräuber bereits zu schaffen gemacht.

Napoleon, der sich in der Nachfolge der antiken Kaiser sah, veranlasste im Jahr 1804 die Freilegung des antiken Tores. Wirklich beeindruckend ist es, beim Gang durchs Innere des Bauwerks seine wechselvolle Geschichte zu erleben. Denn barocke Wandreliefs mit Heiligen und die vorgebaute Apsis erinnern noch heute an die mittelalterliche Episode als Kirche. Hier trafen sich die Gläubigen über Jahrhunderte hinweg zu Gottesdiensten. Und mit ein bisschen Vorstellungsvermögen sieht man den römischen Kaiser quasi vor sich, wie er zwischen den Säulen sein Augusta Treverorum regierte.

TIPP

Ein Zenturio lüftet „Das Geheimnis der Porta Nigra" auf der gleichnamigen Erlebnisführung. Sehenswert!

● Porta Nigra, UNESCO-Welterbe, 54290 Trier
www.trier-info.de/portanigra-info
● ÖPNV: Hauptbahnhof Trier

Um die Wette zwitschern

79 Im Weingut Ehses in Zeltingen-Rachtig

Die hellblaue Hausfassade, gelbe und rosafarbene Rosenstöcke, ein weinrotes Tor. Diese Farbenpracht wirkt ja schon mal vielversprechend. Es ist das Weingut von Peter Ehses. Doch die eigentliche Überraschung offenbart sich, wenn man durch die Toreinfahrt geht. Pssst, Geheimtipp! Denn dahinter verbirgt sich einer der schönsten Innenhöfe weit und breit. Die hohen Mauern ringsum sind maximal weinbegrünt, ein paar Tische, Bänke, Blumen. Es ist einer dieser Orte, wo man noch vom Winzer oder der Winzerin höchstpersönlich bewirtet wird, eine echte Straußwirtschaft also.

Fast überall wo Wein wächst, gibt es sie. Mal im Garten eines Winzerhofes, mal in der Scheune. Mal verstecken sie sich hinter dem Haus oder gar im Kellergewölbe. Wer an der Mosel unterwegs ist auf der Suche nach Geselligkeit, hält am besten nach diesen bodenständigen Ausschankstuben Ausschau. Da wird eng zusammengesessen, getrunken, gegessen, gelacht – dafür kommen die Gäste. Es wird Karl dem Großen zugeschrieben, diese Bewirtschaftungsform im Jahr 794 erfunden zu haben. Bewiesen ist das zwar nicht. Tatsache aber ist: Die Straußwirtschaften sind gelebte Tradition am Fluss und von jeher beliebt bei Einheimischen und Feriengästen.

Hier fließen Traubensaft, Weinbergpfirsichlikör und Wein, gereift im Keller von Peter Ehses. Denn für Straußwirtschaften gilt das in Stein gemeißelte Regelwerk: Für maximal 4 Monate im Jahr dürfen die Winzer allein Wein aus eigener Herstellung ausschenken. Dazu werden einfache regionaltypische Gerichte kredenzt: Auf der Karte stehen neben Flammkuchen auch gebackener Ziegenkäse und allerlei Wurstvariationen für kleines Geld. Der Renner ist die Winzer-Spezialplatte mit allem Pipapo.

Ein weiterer Hit sind die vielen Schwalben und Spatzen, die aufgekratzt im Innenhof umeinander flattern. Man muss kein Ornithologe sein, um an dieser fröhlich zwitschernden Vogelwelt Freude zu haben. Da zwitschert man gerne einen mit.

- Weingut-Straußwirtschaft Peter Ehses, Uferallee 49, 54492 Zeltingen-Rachtig, Tel. (0 65 32) 28 38, www.ferienweingut-ehses.de
- ÖPNV: Bus 300, 333, Haltestelle Zeltingen-Rachtig Brücke

Alles ist erleuchtet

80 Wein-Nachts-Markt in Traben-Trarbach

Als hätte Traben-Trarbach nicht ohnehin schon prächtige Fassaden. Doch jedes Jahr ab Ende November trägt das Jugendstil-Städtchen noch ein bisschen dicker auf. Dann werden die Häuserzeilen festlich in bunte Lichter getaucht und die Villen spiegeln sich mal grün, mal blau, mal rot im Wasser der Mosel. An den Ufern versammeln sich Menschenmengen und staunen über die Illumination. Nur einen Ebenezer Scrooge aus Dickens' Weihnachtsgeschichte würde dieses Lichtergefunkel nicht berühren.

Das ist die leuchtende Kulisse für das wohl ungewöhnlichste Advents-Spektakel der ganzen Region. Zwar duften die gebrannten Mandeln genauso wie auf jedem anderen Weihnachtsmarkt. Aber hier spielt die Musik nicht nur auf der Straße, sondern auch unter dem Pflaster der Straßen. Fast die gesamte Altstadt von Traben-Trarbach ist unterkellert. Vor allem in der Blütezeit des Weinhandels, um 1900, wurde ein Gewölbe nach dem anderen gebaut, denn die Herren der Weinberge brauchten reichlich Platz, um ihre Fässer zu lagern. Über die Jahre sank jedoch die Nachfrage nach Wein und beinahe hätte man die leerstehenden Keller vergessen. Doch dann hatten clevere Bürger die Idee, ihren Weihnachtsbudenzauber eine Etage tiefer als andernorts zu legen. Deshalb werden vier der Gewölbe nun in urgemütliche Markthallen verwandelt und aus Boxen mit Jinglebells beschallt. Zwischen Basaltsäulen und Tannengrün bieten Händler ihre Waren feil, von Kunsthandwerk bis zu Schokolade gibt es alles, was das Weihnachtsmarkt-Herz begehrt. Und wie der offizielle Name Mosel-Wein-Nachts-Markt schon erahnen lässt, spielt der kulinarische Genuss eine tragende Rolle. Während es draußen eisig kalt ist, sitzen die Menschen hier an Tischen, wo man bei Wohlfühltemperaturen und Kerzenschimmer wunderbar speisen und Wein trinken kann. Und noch etwas ist besonders: Die meisten Weihnachtsmärkte machen am 23. Dezember dicht – der unterirdische in Traben-Trarbach und die angestrahlten Häuser lassen die Augen der Weihnachtsfans noch bis zum 1. Januar leuchten.

TIPP

Die Führung „Ausflug in die historische Unterwelt" gewährt Einblick in die verschlossenen Keller.

- Weihnachtsmarkt, 56841 Traben-Trarbach, Ende November bis Januar
www.mosel-wein-nachts-markt.de
- ÖPNV: Bus 333, RB Moselweinbahn, Haltestelle Traben-Trarbach Bahnhof

Bibliografische Informationen der Deutschen Nationalbibliothek
Die Deutsche Nationalbibliothek verzeichnet diese Publikation in der Deutschen Nationalbibliografie; detaillierte bibliografische Daten sind im Internet über http://dnb.d-nb.de abrufbar.

4., aktualisierte Auflage 2024
Konzeption/Satz: Droste Verlag, Düsseldorf
Einbandgestaltung und Illustrationen: Britta Rungwerth, Düsseldorf, unter Verwendung von Bildern von © Fotolia.com: jd – photodesign.de; © iStock: Plociennik Robert
Fotos: Carmen Sadowski, außer: S. 37: GDKE Rheinland-Pfalz/Pfeuffer; S. 57: Jörg Haubrich; S. 75: Ortsgemeinde Mörsdorf/Ingo Börsch; S. 85: Jörg Haubrich; S. 93: Henry Tornow; S. 109: Carparol Duckek; S. 119: Tourist-Information Ferienland Cochem; S. 145: Benjamin Reichmann/Rotorflug GmbH; S. 151: Jörg Haubrich

FSC® www.fsc.org
MIX
Papier | Fördert gute Waldnutzung
FSC® C011279

Druck und Bindung: LUC GmbH, Greven
ISBN 978-3-7700-2660-9

www.droste-verlag.de